Hans Stolp

Jesus Christus

Die Mysterien des esoterischen Christentums

Hans Stolp

JESUS CHRISTUS

Die Mysterien des esoterischen Christentums

Aquamarin Verlag

Impressum

Originaltitel: DE MYSTERIËN VAN CHRISTUS – VOOR WIE HET GEHEIM BEGRIJPEN WIL

1. Auflage 2021

Voglherd 1 • D-85567 Grafing
www.aquamarin-verlag.de

Übersetzung aus dem Holländischen: Andrea Fischer

Druck: CPI · Birkach
ISBN: 978-3-89427-901-1

Inhalt

Für Wilma

Das höchste Licht, die tiefste Finsternis –
wir durchmaßen sie Schritt für Schritt.
Doch auf dem Weg wurden die Schleier gelüftet,
und wir bekamen beispiellose Einblicke.

Wie wahr ist es doch, dass selbst die tiefste Finsternis
Geschenke in sich birgt. Wie wahr ist es doch,
dass die Finsternis die Wiege einer neuen,
höheren Erkenntnis und eines höheren Bewusstseins ist.
Wie wahr, dass Christus uns dann so nahe kommt.

Die Grenze zwischen Leben und Tod verschwimmt,
du spürst, wie dir geholfen wird, und du getragen wirst.
Dein inneres Auge öffnet sich, und fortwährend
verspürst du die stille Verbundenheit mit all jenen, die
vor uns gegangen sind. Du weißt dich geborgen.

In der Finsternis des Lebens: Auch dann, ja,
gerade dann, sind wir so geborgen und werden getragen.
Diese Erfahrung hat uns reich gemacht.
Ein Reichtum, der uns verändert und uns Frieden schenkt.

Zum Geleit

Mein ganzes Leben steht im Zeichen von zwei Geheimnissen: „Was ist der Tod?“ und: „Wer ist Jesus Christus?“

Dem ersten Thema habe ich viele Bücher gewidmet. Vor ein paar Monaten wurde zum Beispiel mein Buch „Die ersten drei Tage im Jenseits – Was die Seele unmittelbar nach dem Ablegen des Körpers durchlebt“ neu aufgelegt.[1] Immer mehr Menschen wollen verstehen, was der Tod wirklich ist, und was passiert, wenn man stirbt. Zu meiner Freude habe ich entdecken dürfen, dass es zu diesem Thema sehr viel mehr zu sagen gibt, als vielen Menschen bewusst ist.

Aber auch dem zweiten Thema „Wer ist Jesus Christus?“ habe ich mehrere Bücher gewidmet.[2] Nun bin ich inzwischen achtundsiebzig Jahre alt – ein Alter, in dem ich öfter als früher auf das Leben zurückblicke, das hinter mir liegt, aber gleichzeitig auch erwartungsvoll auf das Leben nach dem Tod vorausblicke, das vor mir steht. Wenn ich auf die Jahre zurückschaue, die hinter mir liegen, erfüllt mich das mit großer Dankbarkeit, denn ich stelle fest, dass ich über die Jahre einen wachsenden Einblick in die beiden großen Lebensthemen gewinnen durfte, die mich schon als Kind beschäftigt haben, und die ich damals überhaupt nicht verstand.

Aus dieser Dankbarkeit heraus möchte ich in diesem Buch die Erkenntnisse niederschreiben, die ich in diesem Leben über die Mysterien von Jesus Christus gewinnen durfte. Ich fühle mich durch die Erkenntnisse, die mir geschenkt wurden, bereichert – und ich möchte diesen Reichtum nur zu gerne mit jedem teilen, der dafür offen ist.

Vor vielen Jahren war ich auf der Insel Patmos, wo der Apostel Johannes das letzte Buch der Bibel geschrieben hat – die „Offenbarung des Johannes“. Während meines Aufenthalts dort hatte ich einen Traum, der mich bis heute nicht losgelassen hat: Ich saß in einer Kirche unter vielen Menschen, die den Worten des Pfarrers lauschten. Auf einmal, ganz unerwartet, erteilte mir der Pfarrer das Wort. Da sagte ich ganz spontan, ohne darüber nachzudenken: „Christus ist in den Kirchen gestorben. Er lebt dort nicht mehr.“ Als ich das sagte, liefen mir Tränen über das Gesicht. Wieder sagte ich: „Christus ist tot, er ist in den Kirchen noch einmal gestorben.“ Der Pfarrer schaute mich freundlich an. Er sagte nichts. Aber ich las Anerkennung in seinem Gesicht – und Verständnis. Dann bin ich aufgewacht. Die Tränen auf meinem Gesicht waren noch feucht.[3]

Es war ein Traum, der mich tief berührt hat und genau das ausdrückte, was ich tief in meinem Inneren fühlte: Eine tiefe Trauer darüber, dass immer mehr Menschen (innerhalb, aber auch außerhalb der Kirchen) die innere Verbindung zu Christus verlieren. Doch zugleich gab mir dieser Traum auch einen starken Impuls, anderen von Christus in einer Weise zu erzählen, die sie vielleicht doch berühren und überzeugen könnte. Dieser Impuls sowie meine Beobachtung, dass in der heutigen Zeit immer mehr Menschen die innere Verbindung zu Christus verlieren, haben mich dazu veranlasst, dieses Buch zu schreiben.

Vieles in meinem Leben verdanke ich anderen: Carl Gustav Jung, Swedenborg, den Mystikern, den Nag-Hammadi-Schriften und so weiter: Wir alle stützen uns stets auf das Werk anderer. Am meisten verdanke ich aber Rudolf Steiner, dessen Bücher ich erst in höherem Alter zu lesen begann – ich musste nämlich erst meine eigenen Gedanken und Erkenntnisse entwickeln, bevor ich mich mit dem großen Meister unserer Zeit verbinden durfte, der uns so viele Einblicke in das esoterische Christentum geschenkt hat. Insbesondere ihm gelten meine Liebe und meine Dankbarkeit.

Glauben Sie im Übrigen bitte nicht, dass ich die Erkenntnisse von Rudolf Steiner blind übernommen habe: Das hätte weder er selbst gewollt noch entspricht es meinem Naturell. Aber das, was meine Seele bei der Lektüre sofort gesagt hat: „Ja, so ist es, ich spüre, dass das wahr ist“, habe ich in mir aufgesogen und von da an als Wissen meiner Seele mit mir getragen.

Was mich betrifft, so müssen Sie nichts von dem glauben, was in diesem Buch steht – die Zeit des Glaubens an die Autorität eines anderen ist definitiv vorbei. Doch vielleicht finden sich darunter ja Erkenntnisse oder Themen, die Sie berühren und bei welchen Ihre Seele sagt: „Ja, ich spüre, dass das die Wahrheit sein muss.“ Nehmen Sie diese Erkenntnisse dann mit auf Ihren Weg und lassen Sie zu, dass diese Ihr Leben bereichern. Wenn Sie als Leser/in so damit umgehen, gibt mir das den Freiraum, ohne Wenn und Aber zu schreiben, wie ich diese Dinge persönlich sehe, und worin für mich die Mysterien Jesu Christi bestehen.

Warum ich mich in meinem Leben so intensiv mit diesem Thema beschäftigt habe, hat auch damit zu tun, dass ich einmal den Christus sehen durfte – ein einziges Mal. Das war tiefgreifend und anfangs auch verwirrend. Ich habe viele Jahre gebraucht, um diese Erfahrung zu verarbeiten. Es hat auch lange gedauert, bis ich herausgefunden habe, wie solche Erfahrungen denn eigentlich möglich sind – und wie

ich sie verstehen kann. Warum begegneten sie mir, und was wollten sie mir sagen?
Aus diesen Jahren des Nachdenkens und aus den Erkenntnissen, die ich währenddessen gewonnen habe, ist dieses Buch entstanden.

Jeder Mensch, der stirbt und eine innere Verbindung zu Christus hat, wird ihn, den großen Wächter an der Schwelle, sehen dürfen, wenn er stirbt; denn dort, an der Schwelle des Todes, ist es Christus, der uns mit Liebe, mit Verständnis für die vielen Fehler, die wir gemacht haben, und mit Erkenntnis umhüllt. Er ist es, der uns empfängt und uns mit seiner allumfassenden Liebe von den geistigen Wunden heilt, die wir auf Erden erlitten haben.

Zu den tiefgreifendsten Erfahrungen meines Lebens gehört folgende: Harm, mein Ehemann, durfte – als er Weihnachten 2018 das Tor des Todes durchschritt – sehen, dass Christus auf ihn wartete. Er wurde sein Begleiter in dem neuen Leben, das dann für ihn begonnen hat. Harm hat mich an dieser Erfahrung teilhaben lassen. Harm war auch derjenige, der mir den Titel für dieses Buch mit auf den Weg gab: „Jesus Christus – Die Mysterien des esoterischen Christentums". Wie ich bereits festgestellt habe – die Zeit des Glaubens ist vorbei. Die Engel, die früheren Generationen noch zum Glauben verhalfen, haben sich etwas mehr zurückgezogen, um uns Menschen das große Geschenk der Freiheit zu machen. Das hat zur Folge, dass wir die Mysterien Jesu Christi nicht mehr einfach nur glauben – wir müssen sie nun auch verstehen können. Wir brauchen in der heutigen Zeit Wissen, um uns mit den Mysterien Jesu Christi verbinden zu können.

Möge Ihnen, liebe Leserin/lieber Leser, dieses Buch als kleiner Wegweiser auf dem Pfad zu diesem Wissen dienen.

Teil I

Einführung

1.

Ein Meilenstein in unserer Geschichte

Die Mystiker

Warum, so fragte ich mich schon als Kind, gab man ihm drei verschiedene Namen: „Jesus“, „Christus“ und „Jesus Christus“? Ich spürte, dass mit diesen verschiedenen Namen große Geheimnisse verbunden waren. Aber niemand konnte mir sagen, welche Geheimnisse das waren. Der Pfarrer in der Kirche wusste es anscheinend auch nicht – bei allem, was er am Sonntag von der Kanzel aus über den Christus sagte, hatte ich als Kind das Gefühl: „So ist es nicht, es ist anders.“ Aber wie es wirklich war, das wiederum wusste ich natürlich auch nicht.

Jahre später konnten mir auch die gelehrten Theologie-Professoren während meines Theologie-Studiums diese Geheimnisse ebenso wenig verraten. Ich hatte mir davon viel erhofft und erwartet. Auch bei ihnen hatte ich immer wieder das Gefühl: „Irgendwie stimmt das nicht – es ist tiefer, anders.“ Aber wie war es denn wirklich? Ich wusste es nicht.

Nach meinem Theologie-Studium habe ich die Mystiker entdeckt: Jakob Böhme, Johannes vom Kreuz, Hildegard von Bingen, Meister Eckhart, Johannes Tauler und so viele andere des Mittelalters, aber auch Persönlichkeiten wie Emanuel Swedenborg, den schwedischen

Wissenschaftler und Mystiker aus dem 18. Jahrhundert. Wie habe ich ihre Bilder und Erkenntnisse genossen! Bei ihnen spürte ich ein tieferes Wissen – als ob sie irgendwie mit den großen Geheimnissen Jesu Christi vertraut wären. Darüber hinaus spürte ich bei den meisten von ihnen eine echte, lebendige Verbindung zur geistigen Welt. Dadurch wurde mir klar, dass ihre Erkenntnisse auf irgendeine Weise jener Welt entsprangen.

Um uns eine Vorstellung von ihrer Denkweise zu machen, müssen wir uns nur einmal mit dem berühmten polnischen Arzt und Mystiker Angelus Silesius befassen. Er lebte im 17. Jahrhundert und wurde mit folgendem Ausspruch sehr berühmt: „Und wäre Christus tausendmal in Bethlehem geboren und nicht in dir – du bliebest doch in alle Ewigkeit verloren." Aber auch der folgende schöne Text von Meister Eckhart ist sehr aufschlussreich: „Wer also Licht finden will und Unterscheidung aller Wahrheit, der warte auf diese Geburt in sich und im Inneren und nehme ihrer wahr: So werden alle Kräfte und der äußere Mensch erleuchtet. Denn so, wie Gott das Innere mit der Wahrheit berührt hat, so wirft sich das Licht in die Kräfte, und der Mensch versteht alsdann mehr, als ihn jemand lehren könnte."[4]

Eine ausdrucksstarke Bilderflut

Wie diese Zitate deutlich machen, zeigen uns die Mystiker den Weg nach innen, zu unserem eigenen Herzen. Unser Herz ist der Ort, an dem der Christus geboren werden möchte. Theologen hingegen verwiesen meist nach außen: Auf die Bibel, die Kirchenväter oder die Dogmatik. Man könnte auch sagen, dass die Mystiker aus ihrer eigenen Erfahrung und Wahrnehmung sprachen, die Theologen hingegen hauptsächlich aus ihrem (begrenzten, rationalen) Denken und Glauben heraus. Aber als ich mich dann zwischen diesen beiden entscheiden musste – und offensichtlich gab es keine andere Wahl als die zwischen den beiden – sprach mich der Weg der Mystiker mehr an. Was sie sagten, berührte mich, und das war bei den Texten der Theologen selten der Fall.

So fand ich bei den Mystikern eine Lebenswelt, die mich ansprach und mir irgendwie vertraut war. Darüber hinaus spürte ich bei ihnen auch eine tiefe Verbundenheit zum Mysterium Christi. In jedem Wort, das sie schrieben oder sprachen, war diese Verbundenheit spürbar, und sie drückten sie mit einer tiefen Ehrfurcht aus. Insbesondere diese Ehrfurcht und die Tiefsinnigkeit ihrer Gedanken berührten mich immer wieder und nährten meine Seele.

Es gab jedoch ein „Aber“: Die Mystiker präsentierten die Geheimnisse Christi nicht auf eine logische, kohärente und verständliche Weise, und damit nicht in der Art, wie der moderne Mensch nun einmal denkt. Es war mehr wie eine Flut von Metaphern und tiefgründigen Gedanken, die mir immer den Eindruck von Wasser vermittelten, das aus einer verborgenen Quelle sprudelt. Doch in dieser Vielzahl von Bildern und Gedanken konnte ich kaum einen richtigen Zusammenhang in Bezug auf das Thema finden, das mich so sehr beschäftigte, nämlich: „Wer ist Jesus Christus?“ Doch weil ich nun einmal ein Mensch dieser Zeit bin, wollte ich die Mysterien Christi so gern auf eine klare und logische Weise verstehen.

Die Nag-Hammadi-Schriften

Bald entdeckte ich auch die Nag-Hammadi-Schriften. Es handelt sich um Evangelien und andere christliche Schriften, die 1945 in Ägypten gefunden wurden und aus den ersten Jahrhunderten unserer Zeitrechnung stammen. Obwohl diese Schriften nicht in die Bibel aufgenommen wurden, spiegeln sie doch das tiefere Wissen der christlichen Eingeweihten in den ersten Jahrhunderten unserer Zeitrechnung wider. Von diesen Schriften ist das Thomas-Evangelium inzwischen die berühmteste Schrift geworden: Eine Sammlung von kurzen Sprüchen oder Texten, die einen tiefen Einblick in die menschliche Seele verraten. Die Erkenntnisse, die Psychiater wie Freud, Jung, Adler und ganz viele andere Wissenschaftler erst Jahrhunderte später entdeckten – die Grundlagen der Psychologie – sind hier bereits zu finden, allerdings eben in Bildersprache. Eines der berühmtesten sogenannten Logien (Sprüche) aus dem Thomas-Evangelium lautet:

„Jesus sagte:
‚Wer das All erkennt,
sich aber selbst verfehlt,
verfehlt das Ganze.'"[5]

Wie in allen Nag-Hammadi-Schriften wird auch in diesem Text ausdrücklich betont, wie wichtig es ist, den Weg nach innen zu gehen: Selbsterkenntnis bildet die Grundlage allen Wissens. Wer sich selbst nicht kennt, wird die Welt daher nie (wirklich) verstehen können – er kennt die Dinge nur von außen. Deshalb stand über dem Eingangstor des Tempels in Delphi geschrieben: „Gnothi seauton", was so viel bedeutet wie „Erkenne dich selbst". Das Heiligtum stand in Griechenland (eben in Delphi) und stammt aus vorchristlicher Zeit. Die Besucher des Heiligtums bekamen den Rat mit auf den Weg: „Alles (wahre) Wissen beginnt mit der Selbsterkenntnis."

Keine Frage: Dies ist eine wichtige Erkenntnis, gerade auch für unsere heutige Zeit. Sie bedeutet, dass eine Wissenschaft, die sich nur auf das Objekt (außerhalb ihrer selbst) und nicht auch auf sich selbst konzentriert, niemals in der Lage sein wird, die Essenz des Objektes zu verstehen. Wir haben es dann mit einer Wissenschaft zu tun, die sich nur auf das (materielle) Äußere konzentriert, die Essenz, den Geist, jedoch ignoriert. Mit anderen Worten: Man erhält keine

Verbindung zum Wesen des Objekts, sondern lediglich zu seinem Äußeren.

Je länger ich über die Texte aus den Nag-Hammadi-Schriften sinnierte, desto mehr begann ich ihre große Bedeutung zu erkennen. Gerade für unsere heutige Zeit, die sich vor allem auf die Materie konzentriert, den Geist jedoch vergisst, sind sie von unschätzbarer Bedeutung.

Die Nag-Hammadi-Schriften haben uns einen tieferen Einblick in die Ursprünge und Anfänge des Christentums geschenkt.[6] In der Tat haben diese Schriften in der Theologie eine Revolution ausgelöst: Sie zeigen, dass es in den ersten Jahrhunderten unserer Zeitrechnung in den Kreisen der Eingeweihten eine ganz andere, tiefsinnigere und tiefgründigere Art gab, über die Mysterien Christi nachzudenken, als die Theologie es seit Jahrhunderten kannte und erkannte: In ihnen werden esoterische Geheimnisse offenbart. Zum Beispiel die Geheimnisse, die mit dem Jesuskind verbunden sind, oder die Geheimnisse, die der Auferstehung von Jesus Christus zugrunde liegen. Das sind Schriften, in welchen ich immer noch regelmäßig lese und Inspiration finde: Allein schon der Geist, der aus diesen Schriften spricht, tut meiner Seele spürbar gut. Aber auch bei diesen Schriften stieß ich auf das gleiche Problem wie bei den Mystikern: Sie enthalten eine Vielzahl von beeindruckenden Bildern und tiefgehende Erkenntnisse, aber sie geben keinen zusammenhängenden und verständlichen Einblick in die Mysterien Christi.

Die eine leidige Frage

Zusammenfassend lässt sich sagen, dass die Schriften der Mystiker und die Nag-Hammadi-Schriften über viele Jahre hinweg meine spirituelle Nahrung gewesen sind – ich habe ihnen viel zu verdanken. Doch tief in meiner Seele nagte eine Sehnsucht nach mehr: „Wo könnte ich einen zusammenhängenden Einblick in die Mysterien Jesu Christi finden, der auch mein Denken befriedigen und mir die Erkenntnis schenken würde, nach der ich schon mein ganzes Leben lang gesucht habe?“ Mit den Jahren schwand allmählich die Hoffnung, dass ich jemals eine Antwort auf diese Frage finden würde.

Eine Entdeckung, die mein Leben geprägt hat

In meinem Buch über Rudolf Steiner habe ich bereits erwähnt, dass ich vor fünfundzwanzig Jahren auf einem Flohmarkt zufällig auf ein paar Bücher von Rudolf Steiner stieß.[7] Vier Bücher, um genau zu sein – und jedes davon enthielt eine Auslegung zu einem der vier Evangelien der Bibel. Ich kaufte sie für ein Butterbrot – einen Gulden pro Stück (das war noch zu der Zeit vor der Einführung des Euro). Aber so preisgünstig sie auch waren, so wertvoll sind sie für mich geworden. Weil ich eine tiefe Liebe zum Johannes-Evangelium empfand, zugleich jedoch auch merkte, dass es mir nicht gelang, in die tieferen Schichten durchzudringen, zur verborgenen Botschaft, die in diesem Evangelium enthalten war, hatte ich schon etliche Kommentare gelesen. Aber nicht ein einziges dieser Bücher hat mich wirklich weitergebracht.

Als ich jedoch nach der Rückkehr vom Flohmarkt begann, Rudolf Steiners Auslegung des Johannes-Evangeliums zu lesen, spürte ich eine wachsende Begeisterung in mir: „Das ist die Auslegung und Erklärung, nach der ich mein ganzes Leben lang gesucht habe!“ Ich las den ganzen Tag, und obwohl es kein leichter Stoff ist, habe ich bis tief in die Nacht weitergemacht. Beim Lesen bekam ich vor Aufregung ganz rote Ohren, und in mir kam eine immense Freude auf – hier fand ich die klare, logische Sprache, mit der die großen Geheimnisse Jesu Christi nacheinander, aber zugleich auch als ein zusammenhängendes Ganzes beschrieben wurden. So habe ich jenen Tag in meiner Erinnerung in Gold eingerahmt.

Die Akasha-Chronik

Seitdem habe ich begonnen, auch andere Bücher von Rudolf Steiner zu lesen. Zum Beispiel das Buch, das den Titel „Das fünfte Evangelium" erhalten hat. Darin schildert Rudolf Steiner die Ereignisse im Leben Jesu Christi aus der Sicht seiner Jünger: Aus dem heraus, was sie damals fühlten und erlebten, als sie mit Jesus Christus, ihrem Meister, zusammen waren.[8] Das Buch enthält fünf Vorträge, die Rudolf Steiner 1913 in Oslo (das damals noch Christiania bzw. Kristiania hieß) gehalten hatte. In jenen Vorträgen beschreibt er ein großes Mysterium aus dem Leben von Jesus Christus nach dem anderen. Aber woher hatte er diese Erkenntnisse?

Er fand sie im „Weltgedächtnis", das „Akasha-Chronik" genannt wird. Doch was müssen wir uns unter diesem Begriff vorstellen? Ed Taylor schreibt darüber: „Jeder Mensch hat jeden Tag Tausende von Erfahrungen, Gedanken und Eindrücken: Was passiert eigentlich damit? Seit Langem gibt es die Vorstellung, dass all diese Ereignisse in einem ‚fünften Element' abgespeichert werden, das in der hinduistischen Tradition ‚Äther' und bei Jung ‚das kollektive Unbewusste' genannt wird. Und so, wie jeder Mensch lernen kann, niedergeschriebene Erinnerungen zu lesen, gibt es auch Möglichkeiten, die in der Akasha-Chronik eingetragenen Ereignisse zu lesen."[9]

Rudolf Steiner besaß die einzigartige und bislang nicht gekannte Fähigkeit, in der Akasha-Chronik zu lesen – die in ferner Zukunft jeder Mensch beherrschen wird, wenn er will. Das heißt, er war imstande, sich mit den Gefühlen der Menschen aus früheren Zeiten zu verbinden und sie zu nutzen, um Einblicke in die Ereignisse zu gewinnen, die diesen Gefühlen zugrunde lagen. Dies war jedoch nicht einfach. Rudolf Steiner selbst sagt dazu: „Ich erlebte viele Schwierigkeiten und musste mich sehr anstrengen, als es darum ging, aus der Akasha-Chronik Bilder zu entnehmen, die mit den Mysterien des Christentums verbunden waren."[10]

Rudolf Steiner hatte bereits zuvor etwas über die Geheimnisse Jesu Christi erzählt. Doch es war das erste Mal, dass er so ausführlich und so tiefgründig über die Mysterien Jesu Christi berichtete, wie er sie in der Akasha-Chronik wahrgenommen hatte. Wie ich oben bereits angedeutet habe, tat er dies aus den Gefühlen und Erfahrungen der Apostel Jesu Christi heraus. So markieren diese Vorträge aus dem Jahr 1913 in Oslo einen Wendepunkt in der Geschichte: Nie zuvor wurde uns auf so klare Weise Einblick in die Mysterien Christi gewährt – und das auf eine Weise, die für den Menschen von heute nachvollziehbar und verständlich ist.

Ein Meilenstein in der Geschichte

Andrej Belyj – ein Schüler Rudolf Steiners – war knapp dreiunddreißig Jahre alt, als er diese besonderen Vorträge in Oslo besuchte. Er war, wie er selbst sagte, tief bewegt. In seinem Buch, in dem er seine Erinnerungen an Rudolf Steiner beschreibt, erwähnt er, dass dieser stets gut auf einen Vortrag vorbereitet war und das Material, das er vortragen wollte, immer sehr geordnet und gut durchdacht hatte. Nicht so hier, in Oslo – diesmal lief es beim ersten Vortrag dieser speziellen Veranstaltungsreihe ganz anders. Belyj erzählt: „Er kam einfach (im wahrsten Sinne des Wortes) hereingeflogen. Eine Art – verzeihen Sie mir die Ausdrucksweise – verwirrte Person mit einem zerzausten Haarschopf (sein Haar stand nach allen Seiten hin ganz wirr ab) sprang auf die Bühne."

Die Anwesenden waren schockiert, erstaunt und beunruhigt. Belyj fährt fort: „Er machte den Eindruck eines Mannes, der mit enormer Anstrengung den Sinai erklommen, dort bestimmte Dinge gesehen hatte und plötzlich über etwas schockiert war, was er nicht erwartet hatte. (...) Erst als er das Rednerpult bestieg, begann er darüber nachzudenken, wie er ‚das' vermitteln könnte: Erstmals richtete er dann seinen Blick auf das Material, das noch nicht für den Vortrag arrangiert war."[11]

Bei jenen denkwürdigen Vorträgen in Oslo im Jahre 1913 kamen also die Mysterien Christi damals zum ersten Mal in einer klaren, logischen und zusammenhängenden Weise, die dem modernen Menschen entspricht, an die Öffentlichkeit. Deshalb bilden diese Vorträge einen Meilenstein in der Geschichte der Menschheit.

Rudolf Steiner machte alte Texte verständlich

Später entdeckten Forscher, dass durch Rudolf Steiners Beschreibungen der Mysterien Jesu Christi viele rätselhafte Aussagen aus den Schriftrollen vom Toten Meer (Schriften der Essener aus dem ersten und zweiten Jahrhundert vor Christus) und den Nag-Hammadi-Schriften verständlich wurden. Die Bedeutung vieler dieser Aussagen war bis dahin verborgen geblieben. Doch nun wurde dank Rudolf Steiner ein Einblick in den tieferen Sinn vieler rätselhafter Formulierungen möglich.

Zum Beispiel sprechen die Schriftrollen vom Toten Meer vom Kommen zweier Messiasse – eines königlichen Messias und eines priesterlichen Messias. Das war eine rätselhafte Aussage, denn wir kennen ja nur einen Messias aus der Bibel. Dieser Text wurde somit erst verständlich, als die Forscher erkannten, dass Rudolf Steiner ihnen gesagt hatte, dass vor 2.000 Jahren nicht nur ein Jesuskind, sondern zwei Jesuskinder gelebt hatten: Ein königlicher Jesus und ein priesterlicher Jesus.[12] In Kapitel 11 erzähle ich mehr über dieses Mysterium.

Auch unverständliche Bibeltexte wurden plötzlich nachvollziehbar. Die großen Unterschiede zwischen den vier Evangelien zum Beispiel oder die Wundergeschichte vom zwölfjährigen Jesus im Tempel aus dem Lukas-Evangelium. Je mehr Forscher die Erkenntnisse Rudolf Steiners mit alten Überlieferungen verglichen, desto öfter kam es vor, dass plötzlich ein neues Licht auf diese alten Überlieferungen fiel. Und dieses neue Licht wurde der Menschheit zum ersten Mal 1913 in Oslo in einer so tiefgreifenden und umfassenden Weise geschenkt.

Die Erneuerung des esoterischen Christentums

Sind die Erkenntnisse, die Rudolf Steiner uns geschenkt hat, neu? Ja und nein. Tatsächlich stellen seine Erkenntnisse eine neue Form des jahrhundertealten Urchristentums dar – das spirituelle oder esoterische Christentum. Esoterisch bedeutet verborgen: Es handelt sich um Erkenntnisse, die den Eingeweihten bereits bekannt waren und über Jahrhunderte hinweg im inneren Kreis weitergegeben wurden. Rudolf Steiner machte diese Geheimnisse öffentlich und schenkte sie uns in einer völlig neuen Form: Logisch, klar durchdacht und damit in einer Fassung, die dem modernen Menschen entspricht.

2.

Jesus *wurde* zum Christus

Das Prinzip von Wachstum, Transformation und Entwicklung

Welcher ist nun der entscheidende Unterschied zwischen den Ansichten über Jesus Christus, wie sie die Theologie den Gläubigen über Jahrhunderte hinweg präsentiert hat, und den Einblicken in die Mysterien Jesu Christi, die uns Rudolf Steiner geschenkt hat? Ist es möglich, diesen Unterschied zwischen der Theologie und den Erkenntnissen Rudolf Steiners auf seine Essenz zu reduzieren und in einem einzigen Satz zu beschreiben?

Die einfachste Antwort auf diese Frage lautet: Der Unterschied liegt darin, dass Rudolf Steiner vom Prinzip des Wachstums und der Entwicklung ausgeht – die jahrhundertealte Theologie jedoch nicht. Dieses Entwicklungsprinzip bedeutet – auf den Punkt gebracht – Folgendes: Wir werden als Babys geboren und wachsen dann zu Kleinkindern heran. Danach werden wir zum Vorschulkind, zum Schulkind und so weiter. Über die Midlife-Crisis werden wir schließlich zu älteren/alten Menschen. Wenn wir den Menschen auf diese Weise betrachten, entdecken wir, dass wir beispielsweise in unserer Lebensmitte ein völlig anderes Wesen sind als das Kleinkind, das wir einmal waren. Wir entdecken unter anderem auch, dass der alte Mensch wieder ein ganz anderes Wesen ist als jenes, das er in seiner Lebensmitte war. Manchmal sind diese Veränderungen sogar so stark ausgeprägt, dass wir in dem alten Menschen das Kind von früher kaum noch erkennen können!

So gesehen ist das Leben ein Weg des ständigen Wachstums, der Veränderung und der Entwicklung. Auf diesem Weg wird uns eine Lebenslektion nach der anderen erteilt. Wir können geistig von diesen Lektionen profitieren und dadurch weiser und reifer werden. Doch wir können auch – indem wir uns diesen Lektionen widersetzen – verhärten und eine Mauer um unser Herz herum errichten. Wir bleiben nie derselbe, der wir waren: Wir sind ständiger Veränderung und ständigem Wachstum unterworfen. Dabei haben wir selbst die Wahl, ob diese Veränderung zum Besseren oder zum Schlechteren führt. Wer Einblick in diesen Entwicklungsweg gewinnt, erhält dadurch die Möglichkeit, sich selbst und seinen eigenen Lebensweg zu verstehen – und erlangt so Selbsterkenntnis.

Der Mensch, die Menschheit und die Erde entwickeln sich ständig weiter

Doch nicht nur der Mensch als Individuum entwickelt sich ständig weiter, dies gilt auch für die Menschheit als Ganzes, ebenso wie für den Planeten Erde. Die Menschheit als Ganze steht zum Beispiel erst auf halber Strecke ihrer Entwicklung: Es liegt noch ein enormer, eindrucksvoller, aber auch herausfordernder Entwicklungsweg vor uns. Zum Beispiel besteht der Mensch gegenwärtig aus einem Körper, einer Seele und einem Geist. In Zukunft wird der Mensch jedoch noch weitere drei völlig neue Teile des Seins entwickeln und integrieren.[13] Auch Mutter Erde wächst und verändert sich ständig. Der Klimawandel ist ein Zeichen für diese Entwicklung: Er zeigt, dass Mutter Erde in ihrer aktuellen Inkarnation in ihrer Midlife-Crisis angekommnen ist und „Hitzewallungen“ bekommt. Auch Mutter Erde, ein Lebewesen, stirbt und wird immer wieder neu geboren: Sie entwickelt sich von Inkarnation zu Inkarnation weiter, genau wie der Mensch. Auch Mutter Erde macht in jeder Inkarnation eine Entwicklung durch – so wie wir selbst. Sie wandelt sich – in der heutigen Zeit und in ihrer jetzigen Inkarnation – von einem jungen, lebensfrohen Planeten zu einem Planeten, dessen überbordende Lebenskräfte aus ihrem ersten Lebensstadium allmählich den Kräften des Geistes und der Liebe weichen.

Der Mensch Jesus und der göttliche Christus

Aus diesem Prinzip heraus, nämlich dem Entwicklungsweg, den jeder Mensch, die Menschheit und der Planet Erde durchlaufen, versteht Rudolf Steiner auch die Geheimnisse Jesu Christi. Schon seit Jahrhunderten sagt die Theologie, dass das Jesuskind von seiner Geburt an sowohl Gott als auch Mensch war.[14] Aber dass der Mensch Jesus – und damit das Kind, der junge Erwachsene und der spätere Mann Jesus von Nazareth – Schritt für Schritt eine enorme, unvorstellbare Entwicklung durchlief und allmählich ein anderer Mensch, ja sogar ein göttliches Wesen wurde, wird in der Theologie nie angesprochen. Jesus *wurde* – so sagt Rudolf Steiner – zu einem göttlichen Wesen, doch er *war* es nicht von Geburt an. Laut Meinung der Kirchenväter war er hingegen von Anfang an ein göttliches und ein menschliches Wesen zugleich und blieb dies bis zu seinem Tod und bis zu seiner Auferstehung.

Schon jetzt (ich komme später noch einmal darauf zurück) möchte ich anmerken, dass die Theologie auch gar nicht anders konnte – schließlich gab es in den Jahrhunderten ihrer Entstehung noch kein Bewusstsein dafür, dass der Mensch hier auf Erden ein kontinuierliches Wachstum und eine beständige Weiterentwicklung durchläuft – etwas, was wir heute als selbstverständlich ansehen.

Rudolf Steiner betrachtet also die Geheimnisse Jesu Christi auf eine ganz andere, neue Weise. Er sagt, dass das Jesuskind bei seiner Geburt ein Mensch war, wenn auch ein besonderer Mensch. Er sagt auch, dass der kosmische Christus ein göttliches Wesen war, das erst später, als Jesus von Nazareth dreißig Jahre alt war, zu ihm herabstieg und sich in ihm inkarnierte. Dies geschah bei der Taufe im Jordan.

Dieses ganz besondere Ereignis, die Taufe, war der Beginn einer neuen, weitreichenden Verwandlung, die Jesus von Nazareth von jenem Moment an durchlief; denn in den darauffolgenden drei Jahren, von der Taufe im Jordan bis zu seinem Tod am Kreuz auf dem Hügel von Golgatha, durchdrang der Christus mehr und mehr den Körper und die Seele des Menschen Jesus – genau so lange, bis Jesus von Nazareth am Kreuz bis in jede Faser seines Körpers und seiner Seele hinein von den Energien des Christus-Geistes durchdrungen und damit vollständig „verchristlicht“, ja vergöttlicht war. Mit anderen Worten: Dort, am Kreuz, wurde Jesus endgültig zum vollkommen göttlichen Christus.

So gesehen ist es verständlich, dass er bis zur Taufe im Jordan „Jesus“ genannt wurde: „Jesus von Nazareth“, nach der Taufe jedoch „Jesus Christus“. Daher ist es für Rudolf Steiner naheliegend, einerseits den Entwicklungsweg zu analysieren, den der Mensch Jesus von Nazareth durchlief, andererseits aber auch den Weg, den der kosmische Christus bei seinem Abstieg aus der geistigen Welt zur Erde durchlief. In diesem Buch werde ich Schritt für Schritt den Weg dieser beiden nachzeichnen – und wie sie seit der Taufe im Jordan immer tiefer und enger miteinander verbunden wurden.

Die Entwicklung unserer Bewusstseinsseele

Warum hat die Theologie eigentlich nicht den Entwicklungsweg Jesu – und wie er allmählich zum Christus wurde – in ihre Betrachtungen mit einbezogen, Rudolf Steiner jedoch schon? Um eine Antwort auf diese Frage zu finden, müssen wir bedenken, dass die moderne Psychologie erst Ende des 19. Jahrhunderts entstanden ist. Erst dann, zu jenem Zeitpunkt, gewannen wir Einblick in die menschliche Entwicklung und wurden uns bewusst, dass das Leben ein Weg des kontinuierlichen Wachstums und der ständigen Weiterentwicklung ist. Seitdem wurde Psychologie an der Universität gelehrt, allerdings zunächst lediglich im Rahmen des Studiums der Philosophie. Erst nach dem Zweiten Weltkrieg wurde die Psychologie von der Philosophie losgelöst und zu einem eigenständigen Studiengang, der in unserer Zeit immer mehr Studenten anzieht.

Diese rasante Entwicklung der Psychologie zu einem unabhängigen, eigenständigen Studiengang beruht voll und ganz auf der Tatsache, dass wir in der heutigen Zeit unser Bewusstsein weiterentwickeln müssen. Rudolf Steiner nennt diese neue Fähigkeit unseres Wesens unsere „Bewusstseinsseele“. Dazu gehören ein wachsendes Bewusstsein, beziehungsweise der Einblick in den Wesenskern des anderen sowie die Erkenntnis, wer man selbst wirklich ist. Mit anderen Worten: Zur Entwicklung unseres Bewusstseins – und damit unserer Bewusstseinsseele – gehört, dass wir lernen, hinter die Äußerlichkeiten zu schauen.

In der Vergangenheit haben wir zunächst unsere „Empfindungsseele“ entwickelt. Das war wichtig, denn die Welt, wie wir sie mit unseren Sinnen wahrnehmen können, geht über die Empfindungsseele in unsere Seele ein. Danach haben wir unser Denken und unser Fühlen, unsere „Verstandesseele“, entwickelt. Dann ist die Zeit angebrochen, in der wir als Mensch unser Bewusstsein entwickeln müssen. Das ist eine Aufgabe, die wir in unserer heutigen Zeit und in unserer jetzigen Inkarnation als ganz persönliche – und äußerst wichtige – Lebensaufgabe übernehmen und Schritt für Schritt umsetzen müssen. Nur so können wir auch persönlich zur Weiterentwicklung des Menschen beitragen.[15]

Wir wissen, dass jeder Mensch nach dem Tod in der ätherischen Welt auf sein soeben vollendetes irdisches Leben zurückblickt. Dabei soll er vor allem darüber nachdenken, inwieweit er sein Bewusstsein (bzw. seine Bewusstseinsseele) während dieses Erdenlebens weiterentwickelt hat.[16] Die Entwicklung dieser neuen Fähigkeit geschieht übrigens nicht von selbst – sie erfordert handfeste Lebenserfahrungen. Das ist der Grund dafür, weshalb die meisten Menschen in diesem Leben durch turbulente Zeiten gehen, damit sie durch Nachdenken und Reflektieren über diese Erfahrungen zu zunehmender Selbsteinsicht und Selbsterkenntnis kommen können.

1899: Sigmund Freud und Rudolf Steiner

Wir können – rückblickend – sogar genau das Jahr benennen, in dem der Anstoß zur Entwicklung der modernen Psychologie gegeben wurde: Das Jahr 1899. In jenem Jahr erschien Sigmund Freuds Buch „Die Traumdeutung“. Die Veröffentlichung dieses Buches gilt üblicherweise als die Geburtsstunde der modernen Psychologie. Freuds Werk erregte weltweit große Aufmerksamkeit, vor allem weil er im prüden Viktorianischen Zeitalter explizit das Thema Sexualität aufgriff. Nach Freud sind (ganz grob in einem Satz auf den Punkt gebracht) die meisten psychischen Probleme durch die Verdrängung unserer Sexualität entstanden. Diese These von der Unterdrückung unserer Sexualität als Ursache für alle möglichen psychischen Probleme verbreitete sich daraufhin in kurzer Zeit auf der ganzen Welt und ist heute Teil unseres kollektiven Denkens über die Funktionsweise der menschlichen Seele.

Zur selben Zeit, als Sigmund Freud die Traumdeutung schrieb, hatte Rudolf Steiner eine Begegnung mit dem ätherischen Christus, die er als das entscheidende Erlebnis seines Lebens bezeichnet. Diese Simultanität der Ereignisse ist bezeichnend. Sigmund Freud gab uns den entscheidenden Anstoß zur Entwicklung der modernen Psychologie – und damit die Möglichkeit, Einblick in die Seele des anderen und in die eigene Seele zu gewinnen. Zugleich durfte Rudolf Steiner auf hellseherische Weise Einsicht in die tieferen Geheimnisse Jesu Christi nehmen. Dadurch konnte er uns die bis dato verborgenen Mysterien Jesu offenbaren und erklären, wie dieser allmählich zum Christus wurde. So ermöglichte er eine neue Erkenntnis im religiösen Bereich, und das esoterische Christentum konnte endlich an die Öffentlichkeit treten. Auch in diesem Bereich können wir nun lernen, hinter die Dinge zu schauen.

Ein höheres, spirituelles Denken

Was aber war es nun genau, das Rudolf Steiner sehen durfte? Er sah den Christus, der ihm aus der Ätherwelt erschien und ihm Einblick in das Mysterium von Golgatha gab.[17] Er stand auch – im Geiste – stundenlang auf dem Hügel von Golgatha vor drei Kreuzen: In der Mitte das Kreuz, an das Jesus Christus genagelt war, links und rechts von ihm die Kreuze der beiden Missetäter, die gemeinsam mit ihm gekreuzigt worden waren. Rudolf Steiner stand dort (irdisch gesprochen) stundenlang in dem fahlen, dunklen, giftgrünen Licht, das den Gekreuzigten einhüllte, obwohl es mitten am Tag war.

Dank dieser Erfahrung konnte er immer tiefer und intensiver spüren, was Jesus Christus in jenen so entscheidenden Stunden durchlebte. Mit anderen Worten: Er durfte in jenen so außergewöhnlichen Stunden die Mysterien Jesu Christi spüren und ergründen. Eben diese Erfahrung befähigte ihn später, als esoterischer Lehrer zu wirken und seinen Schülern Einblick in die vielen Geheimnisse zu geben, die mit dem Menschen Jesus und dem kosmischen Christus verbunden sind.[18]

So sehen wir, wie zur gleichen Zeit, als Freud den Grundstein für die moderne Psychologie legte, durch die die Entwicklung unseres (Selbst-) Bewusstseins möglich wurde, Rudolf Steiner Einblick in die bis dahin verborgenen Geheimnisse Jesu Christi erhielt. Diese Erkenntnis konnte er erst gewinnen, als der Mensch begann, seine Bewusstseinsseele zu entwickeln; denn dieses Bewusstsein beinhaltet, wie wir gesehen haben, nicht nur das Bewusstsein von uns selbst, sondern auch den Einblick in das eigentliche, verborgene Wesen des anderen – und damit in dessen auf den ersten Blick verborgene Geheimnisse.

Hinzu kommt, dass im Jahr 1899 das Kali-Yuga endete, die Ära, die 5.000 Jahre lang andauerte und gewöhnlich als „Eisernes Zeitalter" bezeichnet wird. Es war ein dunkles Zeitalter, denn in jenen Jahrtausenden verlor der Mensch zunehmend seine uralten hellseherischen Fähigkeiten und damit die lebendige Verbindung zur geistigen Welt.[19] Das war ein großer, tiefgreifender Verlust. Doch in der neuen Ära, die 1899 begann, wird der Mensch eine neue Verbindung mit der geistigen Welt eingehen, und zwar über das Denken – jedoch über ein spirituelles Denken, das entsteht, wenn der Mensch an sich arbeitet und dadurch eine höhere Form des Denkens, eben ein spirituelles Denken (bzw. Hellsichtigkeit), erreicht.

Es war Rudolf Steiner, der am Anfang dieser neuen Ära stand und uns die Erkenntnisse vermittelte, wie man zu einem höheren Denken und damit zu einer neuen, höheren Erkenntnis in Bezug auf die großen Mysterien Jesu Christi gelangt.

3.

Die großen Mysterien

Die Mysterien

Die vielen großen Geheimnisse, die mit dem Menschen Jesus und dem göttlichen Christus verbunden sind, werden traditionell als „Mysterien" bezeichnet: „Die Mysterien Jesu Christi." Der Begriff „Mysterien" ist jedoch nicht typisch christlich, sondern wurde bereits in vorchristlicher Zeit verwendet. Damals verwies dieses Wort nicht nur auf die höheren Erkenntnisse, die den gewöhnlichen Menschen verborgen waren, sondern auch auf die geheimen Bräuche und Rituale, die an heiligen Plätzen wie Tempeln, Pyramiden, verborgenen Höhlen und Opferhügeln insgeheim praktiziert wurden. Dort, an diesen heiligen Orten, stiegen Engel zu den Eingeweihten herab und sprachen durch sie zu den Menschen. Der Eingeweihte war also der Kanal für „die Götter", wie diese Engel oder geistigen Wesen in jenen alten Zeiten oft genannt wurden.

So erhielten die Menschen zu jener Zeit direkte Führung aus der geistigen Welt, indem die Engel durch die Eingeweihten zu ihnen sprachen. In späteren Zeiten zogen sich die Engel allmählich in die geistige Welt zurück und sprachen nicht mehr durch die Eingeweihten. Das war ein großer Verlust! Deshalb musste ein neuer Weg gefunden werden, um irgendwie doch noch weiterhin Führung aus der geistigen Welt erhalten zu können. Dies wurde möglich, weil höhere Eingeweihte von da an lernten, aus ihrem Körper herauszutreten, um in die geistige Welt aufzusteigen und sich mit „den Göttern" zu treffen.

Dies war keineswegs immer erfolgreich, denn das Verlassen des physischen Körpers war mit vielen Gefahren verbunden und konnte sogar zum Tod führen. Wenn es dem hohen Eingeweihten jedoch gelang, die geistige Welt zu betreten, kam er dort in Kontakt mit den Engeln, die das irdische Leben leiten. Von ihnen erhielt er dann Botschaften und Anweisungen für das irdische Leben und für die Menschen auf Erden. Später, wenn er nach drei Tagen in seinen Körper zurückgekehrt war, konnte er diese Botschaften an das Volk (oder an dessen Anführer) weitergeben. So wurde der Mensch auf eine neue Art und Weise mit der geistigen Welt verbunden.

Verständlich, dass diese heiligen Plätze – auch „Mysterienplätze" genannt – seit Jahrhunderten von unschätzbarer Bedeutung für das Leben auf Erden gewesen sind. In der gängigen Geschichtsschreibung ist jedoch fast nichts von den und über die Mysterien erhalten geblieben. Das liegt daran, dass diese Mysterien völlig geheim waren. Auf die Offenlegung stand sogar die Todesstrafe – es war kein größeres Verbrechen vorstellbar, als diese Geheimnisse an Außenstehende zu verraten. Es ist daher also fast nichts schriftlich überliefert, und es wurde nichts öffentlich weitergegeben. Ita Wegman erzählte uns: „Der ‚Verräter' wurde mit dem Tod und der Beschlagnahmung seiner Besitztümer bestraft."[20] Daher wurden die Rituale und das Wissen um die Mysterien auch „esoterische Geheimnisse" genannt – Geheimnisse, die nur in der Privatsphäre des Mysterienplatzes gehütet wurden, jedoch nicht nach außen dringen durften. Das Wort „esoterisch" bedeutet also (wie wir bereits festgestellt haben) „geheim" oder „ausschließlich für Eingeweihte bestimmt".

Atlantis und die postatlantischen Kulturen

Nicht nur in vorchristlicher Zeit, sondern auch in einer früheren Epoche, in Atlantis, waren Mysterien bekannt. So gab es in Atlantis sieben große Orakel- oder Mysterienplätze, die jeweils einem bestimmten Planeten geweiht waren. Dort wurde die Verbindung zur geistigen Welt durch eine geheime Gemeinschaft von priesterlichen Weisen unterhalten. Die wichtigste dieser sieben Orakelstätten war das Sonnenmysterium oder Sonnenorakel. Manu – der höchste Eingeweihte von Atlantis, der in der Bibel Noah genannt wird – war mit dem Sonnenorakel verbunden. Sein Name bedeutet „Frieden“ oder „Ruhe“. Als Sonneneingeweihter diente er dem Sonnengeist – und stand in direkter Verbindung mit diesem, mit demselben Geist, der Jahrhunderte später auf die Erde herabsteigen sollte, um sich im Menschen Jesus von Nazareth zu verkörpern. Mit anderen Worten: Manu stand in direkter Verbindung mit dem Sonnengeist, der später „der Christus“ genannt werden sollte. Eben dieser Manu war es, der seine Anhänger am Ende des atlantischen Zeitalters, kurz vor der großen Flut, die in der Bibel als „Sintflut“ bezeichnet wird, von Atlantis nach Europa und Asien führte.

Es war auch Manu (Noah), der nach der Sintflut die großen Führer der aufeinanderfolgenden postatlantischen Kulturen initiierte, wie etwa die Rishis (die spirituellen Führer der alt-indischen Kultur), Zarathustra (den Führer der alt-persischen Kultur), Hermes Trismegistos (den Führer der alt-ägyptischen Kultur) und Abraham, den Stammvater des jüdischen Volkes, der laut der Bibel von Melchisedek initiiert wurde.[21] Sein Name bedeutet „König der Gerechtigkeit“. Dieser Name bezeichnet ein und dasselbe Wesen, das an anderer Stelle Manu bzw. Noah genannt wird. Seine verschiedenen Namen drücken wichtige Züge seines Wesens aus; und weil ein einziger Name nicht ausreicht, um die Größe seines Wesens zu beschreiben, wird er mit mehreren Namen bedacht.

Von der Gruppenseele zum Individuum

Besondere Bedeutung erlangten die Mysterien während der ägyptisch-babylonischen Kulturperiode, die von 2907 v. Chr. bis 747 v. Chr. dauerte.[22] Warum das? Der Beginn dieser Periode fiel ungefähr mit dem Beginn des Kali-Yuga, des Eisernen Zeitalters, zusammen – der Ära, in der sich die Engel allmählich zurückzogen und der Mensch sukzessive seine Hellfühligkeit und sein Hellwissen zu verlieren begann. Dadurch verlor er seine direkte Verbindung zur geistigen Welt. Diese Ära – die 5.000 Jahre dauern sollte – begann 3101 v. Chr. und endete 1899 n. Chr.

Aber warum geschah das eigentlich? Warum haben sich die Engel allmählich zurückgezogen? Weil die Zeit gekommen war, in der sich der Mensch Schritt für Schritt von einem Gruppenwesen (man denke an eine Schafherde oder einen Vogelschwarm) zu einem Individuum entwickeln sollte. Mit anderen Worten, weil der Mensch sein individuelles Ich entwickeln musste. Der allmähliche Rückzug der Engel ist vergleichbar mit Eltern, die ihren heranwachsenden Kindern (man denke an Teenager) immer mehr Freiheiten einräumen und deshalb nicht mehr alles für ihre Kinder regeln und entscheiden können. Im Grunde war es ein Opfer, das die Engel erbrachten, indem sie ihre geliebten „Kinder“ (die Menschen) mehr und mehr losließen und ihnen Freiheit schenkten.

Bis zum Kali-Yuga – bis zum Beginn der ägyptischen Kulturperiode – erhielt der Mensch – der damals noch überwiegend eine Gruppenseele hatte – Führung von den Engeln, die durch die Eingeweihten sprachen und ihnen über sie Geleit gaben. Die Menschen damals spürten, dass diese Führung zuverlässig war und ihnen von den Göttern selbst gegeben wurde. Deshalb gehorchten sie augenblicklich und ganz selbstverständlich. Aber gerade zu jener Zeit, in der ägyptischen Kulturperiode, geschah es, dass die geistigen Wesen, die Engel, nicht mehr zu den Eingeweihten auf die Erde herabstiegen, um durch sie Geleit zu bieten, sondern dass die hohen Eingeweihten selbst in die geistige Welt hinaufsteigen mussten, um dort die Botschaften und Eingebungen der Götter „einzusammeln". Daher wurde es von da an sehr wichtig, begabte junge Schüler auszubilden, die später einmal zu solch hohen Eingeweihten werden konnten. Auch die zukünftigen Pharaonen erhielten diese besondere Ausbildung und erwarben die Fähigkeit, aus ihrem Körper auszutreten und in der göttlichen Welt Inspiration und Wissen zu erlangen. Dies ermöglichte es ihnen, später, als Pharao, ihr Volk nach dem Willen der göttlichen Welt zu führen. So gesehen ist es nur zu verständlich, dass ihre Untertanen sie als ein göttliches Wesen betrachteten – immerhin standen sie ja in direktem Kontakt mit der geistigen Welt.

Sieben Einweihungen

Die besonderen, sorgfältig ausgewählten jungen Menschen erhielten eine umfangreiche, einzigartige Ausbildung, wie wir sie uns heute kaum noch vorstellen können. Diese erhielten sie am geheimen Mysterienplatz, in der Mysterienschule, zum Beispiel bei (oder in) der Pyramide. Während der Ausbildung, die sie dort erhielten, lernten sie den Kosmos kennen, insbesondere die geistigen Kräfte, die im Kosmos wirken und einen großen Einfluss auf den Menschen haben. Schließlich besteht unser ganzer Körper, aber auch unsere Seele, aus kosmischen Kräften. Auf diese Weise lernte der Schüler sich selbst als ein kosmisches Wesen kennen. Die heutige Astrologie ist ein letztes Überbleibsel dieses alten, umfassenden Wissens.

Außerdem erhielt der Schüler Anweisungen, wie er Schritt für Schritt den Weg des spirituellen Wachstums, den Einweihungsweg, gehen und sich spirituell weiterentwickeln konnte. Diese Unterweisungen bestanden jedoch nicht aus abstraktem, theoretischem Wissen, sondern – neben allerlei konkreten Übungen wie der Meditation – aus einem Wissen, das sich ihm in Form von lebendigen, bewegten Bildern offenbarte. Diese Bilder weckten im Schüler ein verborgenes inneres Wissen. Dabei geschah etwas Besonderes: Je mehr sich der Schüler weiterentwickelte, desto mehr lernte er seine eigene Seele kennen. So war er schließlich sogar selbst imstande, dem Wesen seiner Seele zu begegnen: Sie stand für ihn genauso real vor ihm wie jedes andere Lebewesen, dem er begegnete.

Der Pfad der Einweihung umfasste sieben Stufen. Jede Stufe führte zu einer abschließenden Einweihung, die von bedeutenden, eindrucksvollen Ritualen begleitet wurde. Die sechste Einweihung bestand aus einer dreitägigen außerkörperlichen Erfahrung, bei der der physische Körper des Eingeweihten wie tot auf der Erde zurückblieb, das geistige Wesen des Schülers jedoch in die geistige Welt aufstieg, um dort eingeweiht zu werden – von den Engeln. Nach drei Tagen kehrte er als ein anderer, neuer Mensch zurück – als ein Wissender. Erst diese Einweihung ermöglichte es ihm, eine lebendige Verbindung zur geistigen Welt aufzubauen. Dank dieser Verbindung wurde er daraufhin zum geistigen Führer der „einfachen" Menschen.

Einer der bekannten Mysterienplätze in Ägypten war Heliopolis (das bedeutet „Stadt der Sonne"), der Ort, an den Joseph und Maria mit dem Jesuskind flüchteten, kurz bevor König Herodes alle Kinder in Bethlehem töten ließ.[23] Auch der Isis- und Osiris-Kult wurde in Ägypten sehr berühmt: Der Gott Osiris starb und stand wieder auf. Er wird als Wegbereiter Christi gesehen, der Jahrhunderte später in dem Menschen Jesus von Nazareth inkarnieren und auch wirklich durch den Tod gehen und dann wieder auferstehen sollte.

In der Kultur, die auf die ägyptische Kultur folgte, in der griechisch-römischen Kultur (747 v. Chr. – 1413 n. Chr.), gab es ebenfalls viele berühmte Mysterienplätze, zum Beispiel in Delphi, Eleusis und Epidaurus (in Griechenland) sowie in Ephesos (in Kleinasien, in der heutigen Türkei). Mit diesem letzten Ort, dem Ort Ephesos, stand der Evangelist Johannes in Verbindung, der auch auf der nahegelegenen Insel Patmos das letzte Buch der Bibel, *Die Offenbarung des Johannes*, geschrieben hat.

Eine der berühmtesten Mysterien-Traditionen – und die jüngste, die sich entwickelt hat – war der Mithras-Kult, der vom 1. bis 5. Jahrhundert n. Chr. im gesamten Römischen Reich verbreitet war. Vor allem viele römische Soldaten verschrieben sich diesen Mysterien. Es war ein letztes Aufblühen der beeindruckenden alten Mysterientradition, bevor diese für immer untergehen sollte.

Eine Schafherde ohne Hirte

Je weiter das Eiserne Zeitalter voranschritt, desto schwieriger wurde es für die Eingeweihten, Erkenntnisse in der geistigen Welt „abzurufen“. Auch schon allein deshalb, weil sich die Engel allmählich zurückzogen, wurden die physischen Körper der Menschen (unmerklich langsam, aber dennoch) härter. Sie verloren wieder etwas von ihrer ursprünglichen Geschmeidigkeit und Beweglichkeit. Dadurch wurde es für die Eingeweihten immer schwieriger, sich von ihrem physischen Körper zu befreien und diesen zu verlassen. Die Folge dieser Entwicklung war, dass es immer weniger zuverlässige hohe Eingeweihte gab, die noch aus ihrer eigenen lebendigen Verbindung mit der geistigen Welt zu den Menschen sprechen konnten. Infolgedessen wurde auch die Führung, die sie boten, immer unzuverlässiger. Natürlich merkten die Menschen das. Die Folge war, dass sie sich zunehmend von ihren Führern im Stich gelassen fühlten. Jesus von Nazareth nahm diese Entwicklung als junger Mann wahr und litt sehr darunter. Laut der Bibel bewegte ihn eben diese Erfahrung dazu zu sagen, dass die Menschen „wie eine Schafherde ohne einen Hirten“ seien.[24]

Die Situation spitzte sich mit der Zeit immer mehr zu. Wir wissen von Jesus, wie er zu seiner Zeit (im ersten Jahrhundert) umherwanderte und bei seiner Suche an heilige Plätze kam, an welchen es keine Priester und Eingeweihten mehr gab und die Dämonen freies Spiel hatten. Von einem heiligen Ort hatten sie sich in einen Ort verwandelt, an dem sich die Dämonen auf die Menschen stürzten und auf dem Altar tanzten, ohne dass es jemanden gab, der ihr Treiben stoppen konnte.[25] So wurde Jesus von Nazareth schon früh mit dem drohenden Untergang der Mysterien konfrontiert. Es gab, wenn überhaupt, nur noch wenige zuverlässige hohe Eingeweihte, und was die verbliebenen Eingeweihten zu sagen hatten, war meist nicht mehr das Ergebnis einer lebendigen Verbindung mit Engeln, sondern stammte aus Überlieferungen und (was noch schlimmer war) von Einflüsterungen von Dämonen (der Geister, die im Dienste Luzifers und Ahrimans standen). Diese Entwicklung drohte die Menschheit ihrer jahrhundertealten zuverlässigen Führung aus der geistigen Welt zu berauben – sie drohte ihrem Schicksal selbst überlassen zu werden. Wohin soll diese Entwicklung letztlich führen? Logischerweise würde das bedeuten, dass die Menschheit nur noch zum Spielball der Dämonen werden würde, wenn sie den Kontakt zu „den Göttern" verlöre. Das wiederum würde jedoch in der Tat bedeuten, dass die Menschheit dem Untergang geweiht und verloren wäre. Diese Erkenntnis, dass die Menschheit unterginge, wenn sie den Kontakt zur geistigen Welt für immer verlieren würde, war die düstere Aussicht, unter der Jesus von Nazareth in seinen jungen Jahren so stark litt.

4.

Der Plan zur Rettung des Menschen

Der große göttliche Plan

Im vorangegangenen Kapitel haben wir eine Entwicklung von Tausenden und Abertausenden von Jahren kurz und knapp zusammengefasst: Wie sich die Engel nach und nach zurückzogen, um dem Menschen die Möglichkeit zu geben zu lernen, auf eigenen Beinen zu stehen und sein eigenes Denken zu entwickeln. So ermöglichten die Engel dem Menschen den Weg in die Eigenständigkeit. Mit dieser Entwicklung, die sich über unzählige Jahrhunderte erstreckt, wird deutlich, was die göttliche Welt mit der Menschheit vorhat – nämlich zu bewirken, dass der Mensch auf Dauer ein freies, selbstbewusstes und liebevolles Wesen wird, das seinen Platz in der kosmischen Ordnung als *jüngere Schwester* oder *kleiner Bruder* der Engel einnehmen wird. Die gesamte Führung durch die geistige Welt ist auf dieses Ziel ausgerichtet. Anhand der oben skizzierten Entwicklung wird deutlich, dass hier auf der Erde im Grunde genommen nichts, aber auch rein gar nichts zufällig oder einfach so geschieht, sondern dass alles, was geschieht, in irgendeiner Hinsicht mit diesem großen göttlichen Plan im Zusammenhang steht.

Man denke beispielsweise an das, was ich bereits erwähnt habe: An die Konfrontation mit den Dämonen, die stattfand, als die Eingeweihten begannen, ihre lebendige Verbindung zur geistigen Welt zu verlieren und den Menschen keine Führung mehr bieten konnten.

Das waren wirklich tiefgreifende Prüfungen: Die Menschen liefen Gefahr, von Dämonen „besetzt“, zu deren Vasallen zu werden und fortan in deren Welt leben zu müssen. Zugleich aber bescherten diese Prüfungen den Menschen – sofern sie diesen widerstehen konnten – ein wachsendes Bewusstsein und machten sie letztlich geistig stärker. So gesehen passen diese Prüfungen also in den Plan, die Menschen Schritt für Schritt in die Selbstständigkeit zu führen.

Eine Anmerkung am Rande: Die Prüfungen, die wir in unserer heutigen Zeit erleben – und zwar nicht nur individuell, sondern auch als Menschheit insgesamt – hängen ebenfalls mit dieser Entwicklung und diesem göttlichen Plan zusammen. Deshalb ist es von entscheidender Bedeutung, dass wir uns stets den tieferen Sinn jeder Prüfung vor Augen halten, mit welcher wir jeweils gerade konfrontiert werden. Schauen Sie einfach einmal auf die dunklen Erfahrungen in Ihrem Leben zurück und analysieren Sie, was diese Ihnen letztendlich gebracht haben. Können Sie bestätigen, was mir jemand einmal gesagt hat: „Die dunklen Erfahrungen in meinem Leben haben mich um vieles bewusster und sanfter gemacht“? Wenn Sie den tieferen Sinn der Prüfungen nicht im Blick behalten, werden Sie völlig in Schmerz, Verzweiflung und Kummer versinken. Wenn Sie jedoch wissen, welcher tiefere Sinn dahinter steckt, verleiht Ihnen das eine Kraft, die Sie trägt.

Mit anderen Worten: Die Erkenntnis des verborgenen Sinns der dunklen Erfahrungen schenkt Ihnen die Kraft, um durchzuhalten. Halten Sie deshalb innerlich stets den Blick auf den Profit gerichtet, den Sie letztendlich aus den schmerzhaften oder traurigen Lebenserfahrungen ziehen dürfen: Höhere Erkenntnis, größeres Bewusstsein und wachsende Selbstständigkeit. Behalten Sie aus diesem Grund den göttlichen Plan im Blick. Dann werden Sie mit ungebrochener Zuversicht durch die Prüfungen gehen, die das Leben Ihnen auferlegt.

Der Mensch braucht eine neue Fähigkeit

Wir erfüllen also durch unser Leben hier auf Erden einen göttlichen Plan. Die vielen Ereignisse, die wir auf unserem Lebensweg erleben – als Individuum, als Nation und als Menschheit – sind also nicht zufällig oder bedeutungslos, sondern haben einen tieferen Sinn. Ich kann es auch anders ausdrücken: All die herausfordernden, schmerzhaften oder traurigen Erfahrungen, die das Leben uns präsentiert, sind die Lebenslektionen, die unsere Entwicklung als Menschheit möglich machen, Schritt für Schritt.

Wenn wir auf diese Weise ein wenig Sensibilität für den göttlichen Plan entwickeln, werden wir imstande sein zu verstehen, dass die geistige Welt schon seit Urzeiten einen Plan ausgearbeitet hat, um zu verhindern, dass der Mensch nach dem Verlust der lebendigen Verbindung mit der geistigen Welt rettungslos untergeht und zur willenlosen Beute der Dämonen wird.

In der Mitte des Kali-Yuga – etwa zu Beginn der (westlichen bzw. christlichen) Zeitrechnung – sollte die Verbindung zur geistigen Welt fast vollständig erloschen sein. Daher wären auch die Eingeweihten nicht mehr imstande gewesen, sich mit der geistigen Welt zu verbinden und den Menschen eine zuverlässige Lebensführung zu bieten. Es ist deshalb verständlich, dass Jesus die Menschen seiner Zeit mit einer Schafherde vergleicht, die keinen Hirten (= eingeweihten Führer) hat – eine solche Herde ist hoffnungslos verloren, denn sie kann sich selbst nicht vor Wölfen und anderen Verfolgern schützen.

Deshalb musste etwas geschehen, das den Menschen wieder eine Verbindung zur geistigen Welt vermitteln und sie befähigen würde, wieder Führung aus dieser Welt zu erhalten. Doch dieses Mal sollte diese Führung nicht von den Eingeweihten kommen, sondern jeder Mensch sollte aus seinem eigenen inneren Selbst heraus eine Verbindung zu dieser Welt erhalten. Doch wie sollte es möglich werden, dass der Mensch von innen heraus wieder eine Verbindung zur geistigen Welt erhält? Mit welcher Kraft könnte er diese Verbindung herstellen? Besitzt der Mensch überhaupt eine solche Fähigkeit?

Der Mensch besitzt lediglich den Keim zu dieser Fähigkeit. Es war also die geistige Welt, die diese Kräfte erwecken musste. Aber um welche Fähigkeit oder Kraft handelt es sich hier eigentlich, und wie soll der Mensch sie erlangen? Es geht um die Kraft des höheren Ichs. Diese geistige Kraft, dieses höhere Ich, lebte in der geistigen Welt und war auf der Erde nicht zu finden. Deshalb musste ein göttliches Wesen zur Erde herabsteigen, um diese Kraft im Menschen zu aktivieren.

Die Herabkunft Christi

Folgendes geschah:

1. Ein hohes göttliches Wesen – der Logos – stieg zur Sonne herab.
2. Er „verkörperte“ sich dort in dem hohen Sonnengeist.
3. Dann stieg er zur Erde hinab.
4. Er verkörperte sich bei der Taufe im Jordan in dem Menschen Jesus von Nazareth.
5. Nach seiner Inkarnation in dem Menschen Jesus wurde er „Jesus Christus“ oder „Jesus der Christus“ genannt.

Ich formuliere dieses große Mysterium an dieser Stelle kurz und prägnant. In den folgenden Kapiteln werde ich dieses einzigartige Ereignis Schritt für Schritt erklären und erläutern.

Das göttliche Wesen, das auf die Erde herabstieg, war das Wesen der vollkommenen göttlichen Liebe. Der Geist, der von ihm ausgeht und der „Heiliger Geist“ genannt wird, wurde uns an Pfingsten geschenkt. Es ist ein Geist der Weisheit. Es ist dieser Geist, der in uns wirkt und die Kraft des höheren Ichs oder Geistes in uns entwickelt. Das war der eigentliche Sinn dahinter, weshalb der Christus zur Erde hinabgestiegen und zum Menschen geworden ist; denn durch seinen Geist sollte eine neue Kraft im Menschen erweckt werden – das höhere Ich – die ihm eine neue, persönliche Verbindung zur geistigen Welt ermöglichen sollte.

Johannes „schaut“ das Geheimnis Jesu Christi

Johannes, der Verfasser des Johannes-Evangeliums, war der Jünger Jesu Christi, der als einer der ganz Wenigen Einblick in die großen Geheimnisse seines Meisters, Jesus Christus, hatte. Er wusste, wer sich in Jesus verkörpert hatte: Der Sonnengeist, der Christus. Wie war er sich dieses Geheimnisses bewusst geworden?

Jesus Christus hatte ihm kurz vor seinem Tod – in aller Öffentlichkeit – die sechste Einweihung erteilt. Dabei hatte Johannes seinen physischen Körper für drei Tage verlassen und war in die höheren geistigen Welten aufgestiegen. Dort hatte er sich auf die Suche nach dem göttlichen Wesen gemacht, das man den „Sonnen-Logos“ nennt. Die Begegnung mit diesem Wesen bildete schon seit Jahrhunderten den Höhepunkt der Himmelsreise des Eingeweihten. Das hatte auch Johannes während seiner Vorbereitung auf diese Einweihung erfahren. Doch zu seiner Bestürzung fand er den Sonnengeist in diesen hohen Welten nicht.[26]

Dann aber geschah es, dass er nach drei Tagen von Jesus Christus von der Erde aus in seinen physischen Körper zurückgerufen wurde. Dabei ereignete sich etwas Besonderes: Kurz bevor Johannes sich wieder mit seinem physischen Körper verband, sah er vor seinem geistigen

Auge (seine physischen Augen konnte er in diesem Moment noch nicht benutzen), wer ihn in Wirklichkeit zurückgerufen hatte – der Sonnengeist höchstpersönlich. Er sah, dass dieser sich in Jesus, seinem Meister, inkarniert hatte. Er sah, wie der Sonnengeist, der Christus, in und durch den Menschen Jesus hindurch als strahlendes Licht aufleuchtete – wie die Sonne selbst.

Als Johannes unmittelbar danach wieder mit seinem physischen Körper verschmolz, erlosch die enorme Ausstrahlung des Christus in Jesus vor den Augen seines physischen Körpers, denn unser physischer Körper dämpft unser Bewusstsein. Doch in jenem einen, ganz besonderen Moment, kurz bevor er sich wieder mit seinem physischen Körper verband, durfte er sehen, wer sein Meister wirklich war. Von jenem Moment an blieb das Bild des strahlenden Christus in Jesus als eine große, lebensentscheidende Erkenntnis für immer auf seiner Netzhaut eingebrannt.

Nun wusste er, dass der hohe Sonnengeist, der Christus, zur Erde hinabgestiegen und Mensch geworden war. Dieser eine ganz besondere Moment, kurz bevor er sich wieder mit seinem physischen Körper verband, hatte einen bleibenden, überwältigenden Eindruck bei ihm hinterlassen, der auch in den folgenden Leben in ihm weiterwirkte. Der Effekt war sogar so stark, dass er jedes Mal, wenn er starb, in einer neuen Inkarnation auf die Erde zurückkehren wollte, um der Diener Christi auf Erden zu sein. Auf diese Weise wurde Johannes der erste Jünger, der dieses Geheimnis seines Meisters entdecken durfte. Wer es ebenfalls sehen durfte, war Maria. Deshalb standen diese drei, Maria und Johannes, zusammen mit Maria Magdalena – sie kannte das Geheimnis wohl auch – als einzige Jünger Christi am Fuß des Kreuzes und konnten das Leiden ihres geliebten Sohnes mittragen.[27]

Der Prolog des Johannes

Es war für Johannes in seinem späteren Leben nicht leicht, irdische Worte zu finden, mit welchen er dieses gewaltige Mysterium Jesu Christi beschreiben konnte. In unserer gegenwärtigen Zeit, zwanzig Jahrhunderte später, ist es immer noch nicht einfach, die richtigen Worte zu finden. Doch uns ist es möglich, weil Johannes der Erste war, der uns dieses Geheimnis in menschlichen Worten mitgeteilt hat. Es hat im Übrigen lange gedauert, bis Johannes imstande war, es zu beschreiben. Dem gingen Jahre der Meditation voraus. Erst als er ein alter Mann war, im Alter von neunzig Jahren, erst dann gelang es ihm, dieses Mysterium zu beschreiben – und zwar in dem Evangelium, das er dann voller Inspiration schreiben durfte.

Die einleitenden Worte zu diesem Evangelium haben durch die Jahrhunderte hindurch immer wieder einen tiefen Eindruck bei den Menschen hinterlassen. Es waren in der Tat die ersten Worte der Einleitung zum Johannes-Evangelium. Sie werden meist als „Prolog" bezeichnet. In der Vergangenheit lernten viele Menschen diese Worte auswendig und rezitierten sie regelmäßig mit tiefer Ehrfurcht. Sie gaben ihnen Kraft und Zuversicht. Doch erst in unserer heutigen Zeit ist unser Denken so weit entwickelt, dass wir diese Worte auch verstehen können – so gewaltig ist das, was Johannes in (und mit) diesen wenigen Worten beschreibt. Diese ersten Worte lauten:

„Am Anfang war das Wort,
und das Wort war bei Gott,
und Gott war das Wort."[28]

Später, in Vers 14, sagt Johannes über dieses Wort Folgendes:
„Und das Wort ward Fleisch (= Mensch) und wohnte unter uns."[29]

Um die Bedeutung dieser beiden so besonderen Texte erfassen zu können, müssen wir wissen, dass im Tempel von Ephesos und der daran angeschlossenen Einweihungs- beziehungsweise Tempelschule das höchste göttliche Wesen, dem der Eingeweihte bei der sechsten Einweihung im Devachan (= die höhere geistige Welt) begegnen durfte, „der Logos“ genannt wird. Dieser Name, Logos, ist griechisch und bedeutet „Wort“. Es dürfte klar sein, dass dieses Wesen, der Logos, in Ephesos mit großer Hingabe und höchster Ehrerbietung verehrt wurde.

Johannes lebte mehr als fünfzig Jahre lang in Ephesos. Als hoher Eingeweihter hatte er natürlich viel Kontakt mit den Eingeweihten des Tempels und der Tempelschule. Wenden wir uns mit diesem Wissen den ersten Worten des Johannes-Evangeliums zu, so wird deutlich, was Johannes mit diesen Worten seinen geistlichen Freunden im Tempel eigentlich sagen will. Zunächst einmal sagt er sinngemäß: „Das göttliche Wesen, das ihr den Logos nennt, und das einige von euch bei der sechsten Einweihung kennenlernen durften, ist wirklich ein hohes göttliches Wesen. Man kann sogar sagen“, so fährt Johannes fort: „Der Logos war eins mit Gott, ja, er war Gott.“ Dann erzählt uns Johannes, dass dieser Logos, dieses göttliche Wesen, auf die Erde herabstieg und Mensch wurde. Für die Eingeweihten in Ephesos war dies eine schockierende, verwirrende und unverständliche Botschaft. Ein göttliches Wesen, das auf die Erde herabgestiegen war und sich in einem Menschen inkarniert hatte!

In seinem Evangelium erzählt Johannes dann ausführlich von diesem Mann, und wie in diesem besonderen Menschen – Jesus von Nazareth – die Kräfte des Logos immer deutlicher zu leuchten begannen. Schließlich war es das, was Johannes selbst während seiner Einweihung wahrnehmen durfte: Der Logos war Mensch geworden und lebte nun auf der Erde – und wirkte seitdem in und durch Jesus, seinen Meister.

Doch das wahrscheinlich Schockierendste für die Eingeweihten in Ephesos war, dass Johannes ihnen erzählte, dass dieses göttliche Wesen wie ein Verbrecher an einem Kreuz gestorben war; denn nur so hatte er sich mit den Menschen vollständig gleichstellen können. Nur so war das Geschenk, das er ihnen brachte, nämlich der Geist, der unser höheres Selbst aktivieren würde, für alle Menschen verfügbar. Weil er bereit war, durch den Tod zu gehen, wie alle Menschen einmal durch den Tod gehen müssen, war der Logos, der Christus ganz Mensch geworden. Nur dadurch konnten die Menschen das Geschenk Christi in sich selbst aufnehmen, so, wie es Jesus von Nazareth bei der Taufe im Jordan getan hatte.

Deshalb wurden diese wenigen Worte aus dem Prolog von Johannes (Vers 14) zu den bekanntesten Worten aus diesem Evangelium: „Und das Wort ward Fleisch und wohnte unter uns.“ In der Tat waren dies jahrhundertelang sogar die bekanntesten Worte aus der Bibel. Doch weil die Menschen im letzten Jahrhundert diesen Worten nicht mehr glauben und sie nicht mehr verstehen konnten, gerieten diese allmählich in Vergessenheit. Was soll ein Mensch heutzutage mit solchen Worten anfangen, wenn er sie doch gar nicht verstehen kann? Dennoch muss jeder, der das Mysterium Christi verstehen will, zuallererst versuchen, das große Geheimnis zu erfassen, das in diesen wenigen Worten enthalten ist.

Das Wort

Die Tatsache, dass der Christus als „das Wort“ bezeichnet wird und die Eingeweihten in Ephesos das göttliche Wesen, das sie bei der sechsten Einweihung schauen durften, „das Wort“ oder „den Logos“ nannten, hat natürlich eine tiefere Bedeutung. Der Logos, der Christus war das von Gott gesprochene Wort. Aber was bedeutet das nun eigentlich?

In jedem Wort, das gesprochen wird, wirken die Energien des Sprechers mit. Ein Wort besteht im Grunde aus den Energien, die vom Sprecher ausgehen. Das gilt für uns Menschen, aber auch für Gott. Wenn Gott also ein Wort ausspricht, besteht dieses Wort aus den Energien Gottes selbst. Man könnte sogar sagen: Das Wort, das Gott ausspricht, ist Gott.

Wenn also jenes hohe göttliche Wesen (dem die Eingeweihten bei ihrer sechsten Einweihung begegnen durften) als „der Logos" oder „das Wort" bezeichnet wird, impliziert dies, dass dieses göttliche Wesen im Grunde Gott selbst ist. Deshalb kann Johannes schreiben: „Am Anfang war das Wort – und das Wort war Gott." Außerdem impliziert es, dass Gott selbst Mensch wurde, als der Logos Mensch wurde. Unvorstellbar. Aber vielleicht lässt sich diese Aussage noch am besten verstehen, wenn wir uns das Bild von Johannes vor Augen führen, der, kurz bevor er sich wieder mit seinem physischen Körper verband, die gewaltige und so beeindruckende Ausstrahlung des Christus, des Logos, in dem Menschen Jesus sehen durfte – eine Vision, die ihn für den Rest seines Lebens prägte.

Ein Märtyrerweg

Nun habe ich in wenigen Worten das wahrhaft große Mysterium Christi zusammengefasst, dass er nämlich „der Logos" oder „das Wort" genannt wird, dass er ein göttliches Wesen und auf die Erde herabgestiegen ist, um sich dort bei seiner Taufe im Jordan in dem Menschen Jesus von Nazareth zu inkarnieren. Was ich allerdings noch nicht erwähnt habe, ist Folgendes: Dieser Weg des Herabsteigens aus den höchsten geistigen Welten hinab auf die Erde war ein Weg ständiger Opfer. Der Logos musste eine ganze Reihe von Opfern bringen und nach und nach alle möglichen hohen Kräfte ablegen, um schließlich so klein und unbedeutend zu werden, dass er in einen menschlichen Körper und eine menschliche Seele „passte“. Über diese Opfer werde ich im folgenden Kapitel sprechen.

Teil II

DIE MYSTERIEN CHRISTI

In den nun folgenden Kapiteln geht es um die vielen Opfer, die der Christus erbracht hat. Zunächst bei seinen früheren Inkarnationen auf der Sonne, dann auf der Erde selbst. Es ist kein einfaches Thema, und noch dazu kein sehr geläufiges.

Wer jedoch bereit ist, die Energie aufzubringen, die nötig ist, um diese Kapitel zu lesen und in die eigene Seele aufzunehmen, wird etwas Besonderes erleben dürfen: Die Größe Christi wird uns bewusst werden und unsere Seelen wie eine aufgehende Sonne erleuchten. Wärme, Staunen und Dankbarkeit werden unsere Seelen erfüllen und uns nachhaltig verändern.

Sie können diesen Teil aber auch überblättern und mit den Mysterien des Jesus von Nazareth fortfahren: Sie sind leichter zu lesen. Doch dann würde Ihnen etwas Schönes entgehen!

5.

Die Herabkunft des Logos

Zwei Opfer – aus Liebe erbracht

Wir haben festgestellt, dass der Christus von Johannes als „der Logos“, als „das Wort“, bezeichnet wurde, und dass Johannes mit diesem Namen zum Ausdruck bringen will, dass der Christus ein göttliches Wesen ist, das von Gott gesprochene Wort, und damit aus Gottes Kern, aus seinen göttlichen Energien, hervorgegangen ist. Doch dieses göttliche Wesen, der Logos, stieg – aus irdischer Sicht – in zwei Wellen, die sich jeweils über Jahrhunderte erstreckten, herab: Zuerst auf die Sonne und danach auf die Erde.

Mit jedem Abstieg legte er immer wieder etwas von seiner Allmacht nieder. So musste er beispielweise nach seinem Abstieg zur Sonne einen großen Teil seiner göttlichen Allmacht ablegen, um sich mit dem Sonnengeist, dem führenden Erzengel der Sonne, vereinen zu können. Nur so würde der Sonnengeist nicht den göttlichen Kräften des Logos erliegen. Vom Moment dieser Vereinigung an wurde der Logos „der Sonnengeist“ genannt.

In ähnlicher Weise musste es später ebenso geschehen, als er von der Sonne auf die Erde herabstieg, um sich dort im Menschen Jesus zu inkarnieren. Auch damals musste er vor dieser Inkarnation die göttlichen Kräfte, über die er noch verfügte, Schritt für Schritt ablegen, damit Jesus nicht sofort den unvorstellbar großen Kräften des Christus erlag.

Wenn ich versuche, mir vorzustellen, was das alles für den Christus bedeutet haben muss, wird mir schwindelig, und ich spüre in meinem Herzen tiefen Respekt und tiefe Dankbarkeit für ihn aufsteigen. Er hat den größten Teil seiner Allmacht abgelegt, er hat sich immer wieder selbst verschenkt. Das ist wirklich das größte Geschenk, das man nur machen kann: Sich selbst zu verschenken. Warum hat er das getan? Aus Liebe. Aus Liebe zu den Menschen.

Diese beiden Opfer – vor seiner Verbindung mit dem Sonnengeist und vor seiner Inkarnation im Menschen Jesus – sind beispielhaft für die vielen anderen Opfer, die der Christus erbringen musste, um der Menschheit letztendlich seine Liebeskräfte bringen zu können.

Ich lebe aber; doch nun nicht ich, sondern Christus lebt in mir.

In der heutigen Zeit sucht Christus den Weg in unser Herz und in unsere Seele, um dort zu wohnen und zu leben. Das ist der dritte große Schritt auf seinem Weg zu uns: Aus dem Devachan kommend, stieg er zunächst zur Sonne hinab. Dann stieg er auf die Erde hinab. Jetzt sucht er hier auf Erden die Verbindung zu unserer Seele und zu unserem Herzen, um seinen Geist in diese hineinzulegen. Dieser letzte Schritt ist notwendig, um uns von innen her zu inspirieren, uns Erkenntnis zu vermitteln sowie die Kraft unseres höheren Selbst zum Leben zu erwecken. Dies ist nämlich die Kraft, durch die wir uns wieder mit der geistigen Welt verbinden können. Paulus verstand dieses große Geheimnis, als er fast beiläufig sagte: „Ich lebe aber; doch nun nicht ich, sondern Christus lebt in mir."[30]

Sein Abstieg durch die neun Engelreiche

Das Leben Christi vor seiner Geburt auf Erden (d.h. vor seiner Inkarnation in dem Menschen Jesus bei der Taufe im Jordan) wird mit einem besonderen Begriff bezeichnet. Es wird seine „Präexistenz" oder sein „vorangegangenes Dasein" genannt, so die wörtliche Übersetzung des Begriffs „Präexistenz".

Im Übrigen hat nicht nur der Christus ein solches präexistentes Leben, sondern jeder Mensch: Auch wir steigen bei unserer Geburt aus der geistigen Welt auf die Erde herab, um uns in dem Fötus zu verkörpern, der im Schoß unserer zukünftigen Mutter heranwächst. Es gibt also nicht nur ein Weiterleben nach unserem Tod, sondern auch ein Leben vor unserer Geburt auf der Erde.

Neben der Tatsache, dass der Christus in seiner vorangegangenen Existenz in zwei großen Wellen auf die Erde herabstieg, beinhaltete dieser Abstieg auch einen Abstieg durch die neun Engelreiche. Aus der höchsten Engelwelt, der Welt der Seraphim, stieg er zur Erde herab: Durch die Welt der Cherubim, der Throne, der Weltenlenker, der Kräfte, der Mächte, der Urkräfte (oder Archai), der Erzengel und der Engel.[31] Während er durch jedes dieser Engelreiche ging, legte er immer wieder etwas von seiner kosmischen Allmacht ab. Nur so konnte er letztlich „in dem engen Raum eines begrenzten menschlichen Wesens verweilen".[32]

Die gewaltigen Opfer Christi

Paulus ist derjenige unter den ersten Jüngern Christi, der die Opfer, die der Christus bei seiner Herabkunft auf die Erde darzubringen hatte, vielleicht am besten bis in ihre Tiefe hinein verstanden hat. Paulus beschreibt diese Opfer beispielsweise so: „[Der Christus] entäußerte sich selbst."[33] Sich selbst zu entäußern bedeutet, sich selbst zu entleeren. Mit anderen Worten: Der Christus musste die Ebenbürtigkeit mit Gott, und folglich *seine göttlichen Kräfte, ablegen.* An anderer Stelle beschreibt Paulus dieses Opfer sinngemäß folgendermaßen: „Der Christus verzichtete auf die Ganzheit seines Wesens“ (das heißt: auf seine göttlichen Kräfte). Nur auf diese Weise konnte er den Menschen gleichgestellt werden.

Hans-Werner Schroeder hat sich intensiv mit den Mysterien Christi beschäftigt. Er war zunehmend beeindruckt von den fast unvorstellbaren Opfern, die der Christus brachte. Er beschrieb sie so: „Der kosmische Christus hat sich geopfert, um in den Bereich einzudringen, in dem die Kräfte der Widersacher, der Verirrungen und derer, die Gott entgegenstehen, wirken. Wir können uns kaum vorstellen, was es für Christus bedeutete, nicht nur in der Welt der Menschen zu erscheinen, sondern auch die damit verbundene Finsternis und Dunkelheit an ihn heranzulassen.“[34]

Wegen der Opfer, die er brachte, verlor er seine Unantastbarkeit (seinen Schutz) gegenüber Luzifer und Ahriman. Wir können das sogar als die Essenz seiner Opfer bezeichnen. Daher greifen diese beiden, Luzifer und Ahriman, den Christus unmittelbar nach seiner Geburt auf Erden (d.h. nach seiner Inkarnation im Menschen Jesus bei der Taufe im Jordan) an und versuchen, ihn unter ihre Macht zu bringen, indem sie ihn mit drei Versuchungen konfrontieren.[35] In der Tat ist der Christus durch seinen Weg der Entäußerung nun in ihre Reichweite geraten.

Wenn wir über die Geheimnisse Christi nachsinnen wollen, springen uns als Erstes die vielen Opfer ins Auge, die er erbracht hat, um sich mit der Menschheit solidarisieren, um der Menschheit einen entscheidenden Impuls geben und das Wesen der Liebe auf die Erde tragen zu können. Diese Opfer – sie sind ein lebendiges Zeugnis der Liebe, die vom Christus (vom Logos, vom Sonnengeist) zur Menschheit hin ausgeht. Doch der Christus erbrachte noch viele weitere Opfer – sein ganzer Abstieg zur Erde war im Grunde ein einziger Märtyrerweg.

Christus ist der Schöpfer der Erde und der Menschheit

Christus, der Logos, hatte schon viel länger mit der Erde und der Menschheit zu tun, nicht erst seit Beginn unserer Zeitrechnung, vor etwa 2.000 Jahren. Er war bereits seit Urbeginn an unserer Entwicklung beteiligt. Schließlich ist er der Schöpfer der Welt und damit auch unser Schöpfer.

Daher konnte Paulus – dank seines tiefen Einblicks in die Christus-Mysterien – schreiben: „(…) Denn durch ihn [den Christus] ist alles geschaffen, was im Himmel [in den Himmeln] und auf Erden ist, das Sichtbare und das Unsichtbare, es seien Throne [= Fürsten] oder Herrschaften [= Urkräfte oder Archai] oder Fürstentümer oder Obrigkeiten, es ist alles durch ihn und zu ihm geschaffen.“[36]

Aber ist denn nicht Gott, der Vater, der Schöpfer der Erde und der Menschheit?[37] Hans-Werner Schroeder zeigt, dass beide, Gott der Vater und Gott der Sohn (= Christus), an der Schöpfung beteiligt sind. Er schreibt: „Die Erschaffung der Welten und der Menschheit wird (…) dem kosmischen Christus zugeschrieben, durch dessen Wirken alle Dinge ins Sein ‚gerufen‘ werden. Ursprung, Substanz und Sein kommen vom Vater.“[38]

Gott, der Vater, schuf also die für die Schöpfung notwendige Materie oder Ursubstanz. Der Christus hat uns daraufhin mithilfe dieser Ursubstanz erschaffen. Deshalb wird auch er, ebenso wie Gott der Vater, als unser Schöpfer bezeichnet. Außerdem schuf er nicht nur den Menschen, sondern auch alle Engelwelten und die Erde. Diese

Erkenntnis des Paulus, dass der Christus unser Schöpfer ist, zeigt, dass der Christus wirklich von Anfang an mit uns und der Erde zu tun hatte und die weitere Entwicklung des Menschen und der Erde ständig begleitet hat.

6.

Die Rettung des Lebens auf dem Alten Saturn und der Alten Sonne

Die verschiedenen Inkarnationen von Mutter Erde

Die heutige Erde ist die vierte Inkarnation dieses Planeten. Das bedeutet, dass drei frühere Inkarnationen dieses Planeten der jetzigen Erde vorausgingen. Diese früheren Inkarnationen werden „der Alte Saturn“, „die Alte Sonne“ und „der Alte Mond“ genannt.[39] Sie werden als „alt“ bezeichnet, um sie von den heutigen Planeten mit dem gleichen Namen zu unterscheiden. Schon bei diesen drei früheren Inkarnationen der Erde brachte der Christus ein entscheidendes Opfer, so wie er auch bei der jetzigen Inkarnation der Erde vor 2.000 Jahren ein entscheidendes Opfer erbrachte – und zwar auf Golgatha.

Ein gestörtes Gleichgewicht

Bei jenen drei vorangegangenen Inkarnationen der Erde gab es immer eine Störung eines bestimmten Gleichgewichts zwischen zwei geistigen Kräften. Auf dem Alten Saturn war es das Gleichgewicht zwischen Wärme und Kälte, auf der Alten Sonne war es das Gleichgewicht zwischen Licht und Dunkelheit, und auf dem Alten Mond war es das Gleichgewicht zwischen dem Wissen um die großen kosmischen Geheimnisse und dem völligen Vergessen derselben. Auch jetzt, auf der gegenwärtigen Erde, geht es um ein (gestörtes) Gleichgewicht zwischen zwei geistigen Kräften – einer Kraft, die auf den Geist, und einer, die auf die Materie ausgerichtet ist.

Nun ist es so, dass bei den drei vorangegangenen Inkarnationen der Erde das Gleichgewicht zwischen den beiden geistigen Kräften des jeweiligen Planeten aus dem Lot geraten war. Dies bedeutete, dass die Weiterentwicklung des Lebens auf diesen Planeten gestört oder sogar unmöglich zu werden drohte. Aus diesem Grund war dreimal ein Christus-Opfer nötig, um den Niedergang in einen Aufstieg zu verwandeln. Lassen Sie mich diese großen Geheimnisse Schritt für Schritt beleuchten.

Das Opfer Christi auf dem Alten Saturn

Die erste Inkarnation von Mutter Erde nennen wir, wie schon gesagt, den Alten Saturn. Ein Planet, der hauptsächlich aus Hitze bestand – aus der Hitze oder dem Feuer des Willens. Mit diesem geistigen Baustein – dem Feuer des Willens – begann die gesamte Entwicklung der Erde. Woher stammte jedoch dieser Baustoff eigentlich? Er bestand aus den heiligen Energien der Throne, der hohen Engel, die diese Energien aus ihrem eigenen Wesen heraus erzeugt und so den Alten Saturn geschaffen haben. Doch schon beim Alten Saturn zeichnete sich allmählich eine Abwärtstendenz ab. Die Schöpfungsenergie der Throne bestand aus den Energien des Willens, denn die Throne sind ja die Engel oder Geister des Willens. Ihre feurigen, warmen Willensenergien bildeten den Kern des Alten Saturn.

Diese feurigen Willensenergien verloren jedoch allmählich ihre Glut und Wärme und kühlten mit der Zeit immer mehr ab. Sie erkalteten allmählich. Infolgedessen begann das Leben auf dem Alten Saturn mehr und mehr zu erstarren – so lange, bis die zunehmende immense Kälte schließlich sogar drohte, alles Leben zu vernichten und unmöglich zu machen. Deshalb war ein Christus-Opfer nötig, um diese Entwicklung umzukehren. Doch welches Opfer war das? Der Christus stieg zum Alten Saturn hinab und vereinigte sich mit einem Erzengel. Es heißt, er „verseelte" sich in einem Erzengel. Das bedeutet, dass er sich in dessen geistigen Körper einhüllte (Erzengel haben keinen physischen Körper. Folglich können wir nicht sagen, dass der Christus sich in einem Erzengel „verkörpert" hat – doch es ist ein ähnlicher Prozess). Von jenem Moment an stand der Christus kerzengerade und unbeweglich auf dem Alten Saturn. Eingehüllt in den geistigen Körper des Erzengels, reichte er vom Alten Saturn bis ins Devachan (zur geistigen Lichtwelt).

Stellen Sie sich einmal kurz bildlich vor Ihrem inneren Auge vor, wie er da stand: Wie eine riesige Säule, starr und unbeweglich, Stunde um Stunde, Tag um Tag. Dabei nahm er allmählich alle Kälte, alle erstarrten und verhärteten Willenskräfte in sich auf und wurde so selbst völlig starr und verhärtet. Am Ende starb er gewissermaßen den „Tod durch Erstarrung". (Dieser Ausdruck ist bildlich gemeint – auf dem Alten Saturn gab es den Tod noch nicht.) Doch während seines Leidens verwandelte der Christus in der Tiefe seines Wesens all diese kalten Willenskräfte wieder in lebendige, warme Kräfte. So machte er das Leben auf dem Alten Saturn wieder möglich, und der Abwärtstrend wurde in eine Aufwärtsentwicklung umgewandelt. Dank dieses Opfers wurde das Leben auf dem Alten Saturn gerettet. So konnte die Entwicklung des Menschen auch in den folgenden Inkarnationen der Erde weitergehen.

Die Wiederholung dieses Opfers auf Golgatha

Dieses Opfer Christi auf dem Alten Saturn wird „die Urkreuzigung" genannt, weil der Christus auf dem Alten Saturn die gleiche Unbeweglichkeit und Starre durchstehen musste, die er später am Kreuz auf der Erde ertragen sollte. Der Tod Jesu Christi am Kreuz auf dem Hügel von Golgatha vor 2.000 Jahren wird deshalb auch als Wiederholung des Opfers Christi auf dem Alten Saturn betrachtet: Sein Körper versteifte durch das Leiden am Kreuz, verkrampfte sich und erstarrte. Auf dem berühmten Gemälde von Matthias Grünewald aus Colmar sehen wir die verkrampften Hände des gekreuzigten Jesus Christus – ein schockierendes Bild. Grünewald wusste noch um die tiefere Bedeutung der totalen Verkrampfung, die Jesus Christus am Kreuz durchlitt. Er wusste (unbewusst, aber dennoch): „Dies ist eine Wiederholung dessen, was einst auf dem Alten Saturn geschah."

Durch das Pralaya zu einer neuen Geburt

Am Ende seiner Existenz ging der Alte Saturn in das „Pralaya", die „Weltennacht", über. Dies war eine rein geistige Existenz in geistigen Sphären, ähnlich dem Leben des Menschen nach dem Tod in der geistigen Welt. Später kehrte der Alte Saturn als neuer, umgewandelter Planet zurück – und zwar als die Alte Sonne.

Die Polarität auf der Alten Sonne

Auch auf der Alten Sonne brachte der Christus ein Opfer, um den Fortbestand des Lebens auf diesem Planeten zu ermöglichen. Auf dem Alten Saturn gab es, wie wir erfahren haben, ein schwankendes Gleichgewicht zwischen Hitze und Kälte. Auf der Alten Sonne herrschte ein anderes Gleichgewicht: Das Gleichgewicht zwischen Licht und Dunkelheit. Nun bedeutet Licht ja Glück. Licht ist Glück. Glück im Sinne von Verbundenheit: Man fühlt sich mit dem Kosmos, dem Leben, der Engelwelt und mit anderen Menschen verbunden. Dunkelheit hingegen bedeutet Einsamkeit, weil man keine Verbundenheit spürt. Je größer die Dunkelheit, desto weniger Verbundenheit besteht, und desto einsamer ist man. Die Dualität auf der Alten Sonne war also auch eine Dualität zwischen Verbundenheit und Einsamkeit.

Auch diese Polarität zwischen Licht und Dunkelheit geriet auf der Alten Sonne aus dem Gleichgewicht: Je weiter die Entwicklung voranschritt, desto mehr nahmen die Kräfte der Dunkelheit zu, und das Licht verblasste zunehmend. Infolgedessen gerieten die Wesen, die auf der Alten Sonne lebten, immer mehr in eine Stimmung tiefer Einsamkeit – so sehr, dass sie schließlich an totaler Einsamkeit und Verlassenheit zugrundezugehen drohten.

Das Opfer Christi auf der Alten Sonne

Deshalb war erneut ein Opfer Christi nötig. Er stieg zur Alten Sonne herab und vereinigte sich mit einem Erzengel (oder „verseelte" sich in ihm), um auf diese Weise auf der Alten Sonne wirken zu können. Dann nahm er allmählich die ganze Dunkelheit, die er dort vorfand, in seinem eigenen Wesen auf: Es wurde völlig dunkel in ihm und um ihn herum. Indem er all diese Dunkelheit aufnahm, durchlitt er die tiefste Einsamkeit und ging – bildlich gesprochen – „durch den geistigen Tod der Einsamkeit". Doch ganz allmählich verwandelte er diese Einsamkeit in seinem eigenen Inneren in Verbundenheit, in Lichtkraft, und brachte sie als Licht wieder hervor.

So wurde der Niedergang der Alten Sonne letztendlich in einen Aufstieg umgekehrt. Mit anderen Worten: Dunkelheit wurde in Licht und Einsamkeit in Verbundenheit verwandelt. Niemals zuvor in der gesamten Weltgeschichte hatte jemand eine tiefere Einsamkeit durchlebt, als es der Christus damals tat. Später, viel später, wurde auch dieses Opfer auf der Erde wiederholt. Und zwar, als der Christus im Garten Gethsemane eine tiefe Einsamkeit durchlebte und in seiner Verzweiflung zu Gott betete und ihn um Rettung und Erlösung bat, während seine Jünger „schliefen" (d.h., sie merkten überhaupt nicht, welche Einsamkeit er gerade durchlebte). Er sagte zu ihnen: „Könnet ihr denn nicht eine Stunde mit mir wachen?"[40] Die Einsamkeit, die aus diesen Worten spricht, erinnert uns an sein Opfer auf der Alten Sonne.

Eine weitere Wiederholung

Sehr beeindruckend ist eine weitere Wiederholung dieses Opfers Christi auf der Alten Sonne. Jesus Christus starb vor 2.000 Jahren um drei Uhr nachmittags am Kreuz. In jenem Moment war es rabenschwarze Nacht und völlig dunkel. (Möglicherweise wegen eines Sandsturms.) Doch unmittelbar nach seinem Tod – in der vollkommenen Dunkelheit – begann der Leichnam Jesu Christi am Kreuz zu erstrahlen. Es war, als ob in jener Dunkelheit das Licht der aufgehenden Sonne durchbrach und sichtbar wurde. Dieses Ereignis ist ein großes Mysterium, das über die Jahrhunderte hinweg in den Kreisen der esoterischen Christen unter größter Geheimhaltung weitergegeben und mit tiefer Ehrfurcht gehütet wurde.

Das lag daran, weil sie noch wussten, dass dieses Ereignis eine Wiederholung dessen war, was auf der Alten Sonne geschehen war, wo der Christus die Dunkelheit in seinem eigenen Wesen in Licht verwandelt und damit die Einsamkeit durchbrochen hatte. Sie wussten: Mit diesem Opfer durchbricht Jesus Christus erneut unsere Dunkelheit – die Einsamkeit des schnöden Materialismus wird in eine neue Gemeinschaft im Geiste verwandelt.

Eine horizontale Bewegung

Auf dem Alten Saturn war unsere Aufmerksamkeit auf die vertikale Haltung Christi gerichtet: Wie er wie eine Säule vom Alten Saturn ins Devachan hinaufragte. Wenn wir auf die Alte Sonne zurückblicken, sollten wir unsere Aufmerksamkeit auf die horizontale Bewegung richten, die vom Christus ausging und Heilung brachte. Vom Christus ging mehr und mehr Licht aus, das sich horizontal über die Alte Sonne ergoss und die immense Dunkelheit durchbrach. Man denke als Beispiel für das, was auf der Alten Sonne geschah, an das, was später auf Golgatha geschah: Die ausgestreckten Hände Christi am Kreuz. Aus diesen Händen – und damit aus dieser horizontalen Richtung – ergoss sich Licht, das die tiefe Dunkelheit durchbrach, eine Dunkelheit, die entstanden war, als Jesus Christus am Kreuz hing.

Auf der Alten Sonne bestand dieses Licht aus der in Licht umgewandelten Dunkelheit, das sich in einer horizontalen Bewegung über den Planeten ergoss und schließlich alle Wesen und alles Leben auf der Alten Sonne erreichte, sie berührte, sie wieder miteinander verband und zu neuem Leben erweckte. Dieses Licht durchbrach nicht nur die Dunkelheit auf der Alten Sonne und verwandelte sie in Licht, sondern es durchbrach auch die Einsamkeit und verwandelte sie in eine neue Verbundenheit und ein neues Gemeinschaftsgefühl.

7.

Die Rettung des Lebens auf dem Alten Mond und der heutigen Erde

Die Polarität auf dem Alten Mond

Auch bei der dritten Inkarnation auf der Erde, dem Alten Mond, brachte der Christus ein Opfer dar. Dort herrschte wieder eine andere Polarität. Die eine Hälfte des Alten Mondes war der Sonne zugewandt. So erhielten die Wesen, die dort lebten, das Licht der Sonne. Mit anderen Worten: Sie lebten im Sonnenlicht. Aber mit diesem Licht gingen auch geistige Kräfte einher. Die Menschen, die dort lebten und sich weiterentwickelten, erhielten dank dieses Lichts automatisch Einblick und Wissen über die großen Sonnengeheimnisse. So lebten sie folglich im Licht der Erkenntnis. Doch auf der anderen Seite des Alten Mondes, die von der Sonne abgewandt war, lebten die Menschen in Dunkelheit. Diese Dunkelheit wurde mit der Zeit so stark, dass die Menschen, die dort lebten, nicht nur nichts von den Sonnengeheimnissen mitbekamen, sondern ihnen sogar drohte, dass sie die Erinnerung an diese Geheimnisse verloren. Damit drohte eine fatale Spaltung, eine Spaltung zwischen denen, die wussten, und denen, die nichts mehr wussten.

Das Opfer Christi auf dem Alten Mond

Deshalb war auch jetzt wieder ein Christus-Opfer nötig. Der Christus verband sich wieder – „verseelte“ sich wieder – mit einem Erzengel und begab sich auf die dunkle Seite des Alten Mondes. Dort, inmitten all jener Wesen, die die Weisheit der Sonne völlig vergessen hatten und deshalb den Sinn des Lebens nicht mehr verstehen konnten, nahm er all ihre Vergesslichkeit in sich auf und durchlebte Schritt für Schritt und über einen langen Zeitraum die immense, fast unvorstellbare Verlassenheit, die dies mit sich brachte.

Schließlich wandelte der Christus, während er diese unermessliche Verlassenheit durchlebte, jene Vergesslichkeit in seinem Inneren in eine lebendige Erinnerung um. Das heißt, dass er durch sein Opfer die Erinnerung an die Sonne und die Sonnenweisheit in den Seelen der in der Entwicklung begriffenen Menschen wieder zum Leben erweckte. Durch diese Erinnerung wurden sie sich wieder ihrer selbst bewusst und konnten sich wieder mit den (wissenden) Menschen verbinden, die auf der Sonnenseite des Alten Mondes lebten.

Die Wiederholung des dritten Opfers

Dieses dritte Opfer wurde vor 2.000 Jahren beim Letzten Abendmahl auf eindrucksvolle Weise wiederholt. Während dieses Mahls forderte Jesus Christus seine Jünger auf, auch in Zukunft weiterhin das Brot zu brechen und sich dabei immer wieder an das Opfer Jesu Christi am Kreuz zu erinnern: „Tut dies zu meinem Gedächtnis." Mit diesen Worten forderte er also seine Jünger sinngemäß auf, Folgendes zu tun (und so haben sie es auch verstanden): „Erinnert euch weiterhin an mich, an mein Opfer und an die geistige Welt."

Dieser Aufruf war notwendig, weil Jesus Christus wusste, dass der Mensch in ferner Zukunft sogar die Erinnerung an die geistige Welt verlieren könnte – und damit auch jede Verbindung mit der Welt, aus der er kommt und in die er in Zukunft gehen wird. Diese Erinnerung an das Letzte Abendmahl, und damit an das Mysterium von Golgatha, ist in unserer heutigen Zeit, in der sogar die Erinnerung an die geistige Welt aus den Seelen so vieler Menschen zu verschwinden beginnt, notwendiger denn je.

Das vierte Opfer auf Golgatha

So sehen wir, wie der Herabkunft Christi auf die Erde – bei der Taufe im Jordan – drei weitere Abstiege vorausgegangen waren. Jeder Abstieg beinhaltete ein Opfer, um einen drohenden Fall und Niedergang der Menschheit und der Erde zu verhindern und in einen Aufstieg zu verwandeln. So verhält es sich auch mit der Ankunft Christi auf der Erde vor nunmehr 2.000 Jahren: Auch damals (und das ist heute noch der Fall) gab es eine Polarität, nämlich die Polarität zwischen Geist und Materie. Die Menschen vergaßen zunehmend die Welt des Geistes und schienen sich nur noch auf die Welt der Materie zu fokussieren. Das Gleichgewicht zwischen diesen beiden Kräften ging dabei vollkommen verloren.

In den hinter uns liegenden Jahrhunderten setzte sich diese fatale Entwicklung ungebremst fort. Ein typisches Beispiel dafür ist die Synode von Konstantinopel im Jahr 869, als die Kirchenväter den Geist abschafften. Sie erklärten offiziell, dass der Mensch nicht aus einem Körper, einer Seele und einem Geist besteht, sondern nur aus einem Körper und einer Seele. Somit wurde der Geist gelöscht. Dies ist nur eines von vielen Beispielen, an welchen man ablesen kann, wie der Mensch allmählich die Verbindung zur Welt des Geistes verlor – eine Entwicklung, die bis zum heutigen Tag anhält.[41] Daher wollte uns der Christus durch das Opfer, das er damals, vor etwa 2.000 Jahren, erbrachte, nicht nur wieder des Geistes bewusst machen, sondern auch unsere Aufmerksamkeit auf die Welt des Geistes lenken. Nur so konnte er verhindern, dass wir uns an einen oberflächlichen, alles beherrschenden Materialismus zu verlieren drohten.

Gerade jetzt, in der heutigen Zeit, ist das Wissen um diese Geheimnisse Christi notwendig, denn jetzt wird sich entscheiden: Werden die Menschen sich des Geistes wieder bewusst werden oder werden sie sich einzig und allein dem ungezügelten Materialismus hingeben?

Dieses vierte Opfer – das Opfer auf Golgatha – ist das größte Opfer, das der Christus jemals erbracht hat, das Entscheidende. Wir dürfen die Früchte dieses Opfers ernten und uns des Geistes wieder bewusst werden.

Dankbarkeit

Wenn ich über die vier Opfer nachdenke, die der Christus erbracht hat, beginne ich immer deutlicher die unvorstellbar große Bedeutung dessen zu erfassen, was vor 2.000 Jahren bei der Taufe im Jordan und dem Opfer auf Golgatha geschah. Oft ist mein Herz dann nicht nur tief berührt, sondern auch mit großer Dankbarkeit erfüllt.

8.

Zwei Geschenke: Reine Sinne und aufrechtes Gehen

Die sieben Opfer Christi auf der heutigen Erde

Wenn wir unsere Aufmerksamkeit auf den gegenwärtigen Planeten Erde richten, so erkennen wir, wie der Christus auf Erden immer wieder Opfer erbracht hat, um die Entwicklung der Menschheit in die richtige Richtung zu lenken. Es handelt sich dabei um sieben Opfer, von welchen der Christus fünf bereits erbracht hat – die letzten beiden stehen noch aus.

Das Besondere an diesen Opfern ist, dass jedes von ihnen große Geschenke mit sich bringt. Man denke nur an die Tatsache, dass wir aufrecht gehen und uns nicht auf allen Vieren fortbewegen wie die Tiere. Diese Fähigkeit, aufrecht zu gehen, ist ein Geschenk, das durch eines der Opfer Christi erst möglich wurde.

Wenn wir über die sieben Opfer auf Erden nachdenken, halten wir nicht nur Rückblick, etwa nach dem Motto: „So ist es in der Vergangenheit gelaufen." Mit den beiden noch ausstehenden Opfern erhalten wir auch einen Ausblick in die Zukunft: „So wird es in Zukunft sein." Auch aus diesem Grund ist es so wichtig, diese sieben Opfer näher zu betrachten. Durch das Nachsinnen über diese Opfer erhalten wir so etwas wie einen „Rundum-Helikopterblick", mit dem wir die Vergangenheit, die Gegenwart und die Zukunft überblicken können. Diese Sichtweise macht auch viele Ereignisse und Entwicklungen in unserer heutigen Zeit deutlich, so dass wir sagen können: „Ach, deshalb muss es so laufen!" Beleuchten wir also der Reihe nach die sieben Opfer, die der Christus auf der heutigen Erde dargebracht hat und die er noch erbringen wird.

Das Paradies

Das erste Opfer fand in Lemuria statt, im dritten der sieben großen Zeitalter, die wir hier auf der Erde durchleben werden.[42] (Als Hintergrundinformation: Diese sieben Epochen sind die Folgenden: 1. das Polarzeitalter, 2. das hyperboräische Zeitalter, 3. das lemurische Zeitalter, 4. das atlantische Zeitalter, 5. das postatlantische Zeitalter, das 6. und das 7. Zeitalter). Wir leben gerade im fünften Zeitalter, das vorläufig als das postatlantische Zeitalter bezeichnet wird. Später, wenn dieses Zeitalter vorüber ist, wird sich sicherlich ein anderer Name ergeben, der für diese Zeit charakteristisch ist.

Dem gegenwärtigen Zeitalter ging das vierte Zeitalter voraus, das als „atlantisches Zeitalter" bezeichnet wird. Das atlantische Zeitalter endete um 13000 v. Chr., als eine große Flut den Kontinent Atlantis erfasste und ihn vollkommen zerstörte, nachdem bereits mehrere Fluten vorausgegangen waren.[43] Dieses einschneidende Ereignis wird in der Bibel als die Sintflut beschrieben. Nicht nur in der Bibel wird übrigens von einer Sintflut oder einer gigantischen Überflutung erzählt – auch in anderen Kulturen und Traditionen finden sich ähnliche Schilderungen von diesem Ereignis, und damit Erinnerungen daran.[44]

Dem atlantischen Zeitalter ging das dritte oder lemurische Zeitalter voraus.[45] In jenem Zeitalter fanden damals die Ereignisse statt, die zu Beginn der Bibel in den Geschichten über das erste Menschenpaar beschrieben werden: Adam und Eva, das Paradies und der Sündenfall, der durch die Schlange, den Teufel, verursacht wurde. Die

Bibel beginnt also ihre narrative Beschreibung der Entwicklung der Menschheit mit den Ereignissen in Lemuria.

Dort, in Lemuria, fand auch das erste Opfer statt, das der Christus hier auf Erden erbrachte und das notwendig war, um die menschliche Entwicklung in die richtigen Bahnen zu lenken. Zu jener Zeit, in Lemuria, begann Luzifer (ein geistiges Wesen, das in der Bibel auch als „die Schlange", „der Teufel" und „der Lichtträger" bezeichnet wird) erstmals auf den Menschen einzuwirken. Durch seine Verführungskünste drang der Egoismus in die Seele des Menschen ein. Die Bibel erzählt dies sehr anschaulich in der Geschichte vom Paradies, wo die Schlange (= Luzifer) Adam und Eva mit einem Apfel verführte und sie egoistisch machte.

Unsere Sinne werden egoistisch

Von dieser Zeit an wirkte Luzifer immer mächtiger auf den Menschen ein. Der gesamte menschliche Körper – und damit auch unsere Sinnesorgane – gerieten allmählich unter den Einfluss Luzifers und wurden in zunehmendem Maße egoistischer und selbstsüchtiger. Infolgedessen wurden auch unsere Augen selbstsüchtig. Jetzt, im gegenwärtigen Zeitalter, sind sie das zum Glück nicht mehr – dank des Opfers Christi. Doch damals, in Lemuria, als Luzifer begann, auf sie einzuwirken, blieben sie nicht mehr das, was sie immer gewesen waren: Selbstlose Instrumente, die unserer Seele Sinneseindrücke neutral übermittelten.

Unsere Augen begannen, diese Eindrücke für sich zu behalten – anstelle sie an unsere Seele weiterzugeben. Dann begannen sie, diese Eindrücke zu verarbeiten oder zu verdauen und auf sie zu reagieren. So reagierten unsere Augen von da an beispielsweise sehr direkt auf Farben: Beim Anblick von Rot zuckte der Mensch unwillkürlich zusammen, weil das Auge des Menschen, das das Rot in sich aufnahm (anstelle es selbstlos an unsere Seele weiterzugeben), dabei einen stechenden Schmerz verspürte.

Wenn unser Auge jedoch zu jener Zeit eine blaue Farbe sah, geschah etwas ganz anderes. Dann wurde das Auge (und damit der ganze Mensch) sozusagen zu dieser Farbe hingezogen und in dieses Blau hineingesogen. Dies führte dazu, dass der Mensch einen ziehenden Schmerz empfand – die Sogkraft dieser blauen Farbe war eine schmerzhafte Erfahrung.

Rudolf Steiner erklärt, wie diese Entwicklung geendet hätte: „(...) sondern von der einen Seite würde das Auge so beeindruckt worden sein, dass es sich durchseligt gefühlt hätte, von einem heftigen Lustgefühl durchzogen worden wäre; das Auge hätte förmlich geglüht von Lust bei der einen Farbe, bei der anderen würde es durchzogen worden sein von intensiver Antipathie gegen diese Farbe, würde schmerzlich berührt worden sein.“ [46]

Diese Entwicklung dahingehend, dass unsere Sinne – und somit auch unsere Augen – egoistisch wurden, hätte natürlich die Entwicklung des Menschen massiv gestört; denn so war es auch mit den anderen Sinnen: Luzifer begann, mächtig auf sie einzuwirken, um sie egoistisch zu machen und so die menschliche Entwicklung zu behindern. Der Mensch wäre dadurch völlig orientierungslos geworden, und seine Entwicklung wäre in der Form, wie sie vom göttlichen Plan vorgesehen war, zum Stillstand gekommen.

Heilbringende Kräfte

Daher war ein Eingreifen Christi – in Form eines Opfers – notwendig. Der Mensch selbst war nicht imstande, sich gegen diese Machenschaften Luzifers zu wehren. Um dieses Opfer Christi zu ermöglichen, verbündete sich ein Erzengel in der geistigen Welt – und zwar auf der Sonne – mit dem Christus und stellte ihm sein Wesen zur Verfügung. Dieser Erzengel war kein anderer als der spätere Jesus von Nazareth (aus dem Lukas-Evangelium), ein Mensch, der sich noch niemals auf der Erde inkarniert hatte und somit noch ohne Karma war.[47] Er hatte Christus bei allen drei Opfern beigestanden, die dieser in der geistigen Welt (vor dem Opfer auf Golgatha) in Lemuria und in Atlantis erbracht hatte. Rudolf Steiner berichtet über ihn: „Dieses ganz besondere Wesen, das selbst Leben als Engel und Erzengel geführt hat, wird also als Mensch geboren. Dreimal opferte er sich in der geistigen Welt, und das vierte Mal war er auf der Erde, erfüllt vom Christus-Wesen, dreimal als das vom Christus-Impuls erfüllte Engelswesen, das letzte Mal in menschlicher Gestalt."[48]

Warum hat gerade dieses besondere Wesen – der Erzengel und spätere Jesus von Nazareth – diese Opfer erbracht? Weil er tief bewegt war von dem Bösen, das der Mensch erlebte, als seine Sinne immer ungeordneter und egoistischer wurden. Er hörte sozusagen „den Jammer des menschlichen Sinnessystems".[49] Deshalb stellte er sich aus Mitgefühl „für diesen Hilfe- und Jammerschrei" für eine Rettungsaktion zur Verfügung.

Daraufhin verband sich der Christus mit ihm. Dabei drang er besonders in das Ich des Erzengels ein. So wurden der Erzengel und der Christus eins. Dabei fand ein doppeltes Opfer statt. Das erste Opfer war, dass der Christus sich selbst Gott übergab und sein Ich in Gottes Hände legte. Das zweite war das Opfer des Erzengels, der seinerseits sein Ich dem Christus übergab und zur Verfügung stellte. Von diesem doppelten Opfer und dieser so besonderen Verbindung ging eine große Energie aus, die sich bis zur Erde hinab kraftvoll auswirkte. Die Opferkräfte des Erzengels strömten aus der geistigen Welt als Welle der Heilkraft über die Menschen und befreiten dadurch ihre Sinne von ihrem Egoismus; denn so, wie der Erzengel sein Ich dem Christus übergeben hatte, taten es ihm die Menschen auf der Erde allmählich nach – und diese Hingabe hatte eine reinigende Wirkung auf ihre Sinne.

Seitdem stören uns unsere Sinnesorgane nicht mehr (es sei denn, wir sind krank), weil sie wieder selbstlos geworden sind. Wenn wir jetzt die Natur betrachten und ihre Farbenpracht als Wohltat in uns aufnehmen, erleben wir beim Betrachten keinen stechenden oder ziehenden Schmerz. Wir erleben „lediglich" die Geborgenheit, die Verbundenheit und das Wohlgefühl, die von der Natur ausgehen. Dies ist dem Opfer Christi zu verdanken, das er in Zusammenarbeit mit dem Erzengel erbrachte.

Wie der Christus unsere Fähigkeit, aufrecht zu stehen, bewahrt hat

Aber nicht nur unsere Sinne wurden gerettet und von Luzifers bösem Einfluss befreit. Auch in einem anderen Bereich drohte der negative Einfluss Luzifers zu Entartungen zu führen – und zwar bei der Fähigkeit des Menschen, aufrecht zu stehen und zu gehen. Diese Fähigkeit war dem Menschen von den Engeln oder Geistern der Form (auch „die Mächte" oder „die Elohim" genannt) gegeben worden. Dies geschah im Laufe der Entwicklung der Erde.

Sie, die Mächte oder die Engel der Form, waren es, die dem Menschen den Urkeim seines Ichs schenkten – jene so besondere Fähigkeit, die sich der Mensch hier auf Erden nach und nach aneignen darf. Durch diese Fähigkeit lernt der Mensch allmählich, selbst zu denken und (besonders in der heutigen Zeit) Schritt für Schritt ein starkes Selbstbewusstsein zu entwickeln. Zuvor jedoch, als erste Folge dieser Gabe des Ichs, entwickelte der Mensch die Fähigkeit, aufrecht zu stehen – wie ein Kind, das nicht mehr krabbelt, sondern beginnt, sich aufzurichten und zu stehen: Darin erkennen wir die erste Auswirkung der großen Gabe des Ichs.

Doch auch diese Fähigkeit drohte Luzifer mit seinem egoistischen, korrumpierenden Einfluss so zu verunstalten, wie er es mit unseren Sinnen tat. Er versuchte, den Menschen von der Erde zu lösen und ganz auf die geistige Welt auszurichten. Die Fähigkeit, aufrecht stehen zu lernen, wollte Luzifer daher in eine Lebenshaltung umwandeln, bei der es keinerlei Respekt mehr für die Erde gab, sondern die nur noch auf den Himmel ausgerichtet war. Daher war ein Eingreifen aus der geistigen Welt notwendig. Mit anderen Worten: Es wurde eine spirituelle Kraft benötigt, die diese neue Fähigkeit vor dem deformierenden Einfluss Luzifers schützen würde.

Woher stammte diese geistige Kraft? Aus einer Opfergabe Christi. Er durchdrang, wie wir bereits erfahren haben, den Erzengel von oben und bildete mit ihm eine vertikale Gestalt, die von der Erde bis zum Devachan reichte. Anders ausgedrückt: Sie bildeten zusammen eine Gestalt, die Himmel und Erde miteinander verband.

Von dieser vertikalen Gestalt – die das Vorbild für die zukünftige Gestalt des Menschen war – sowie vom Opfer Christi gingen die geistigen Kräfte aus, die dafür sorgten, dass Luzifer diese neue Fähigkeit des Menschen, aufrecht zu stehen, nicht korrumpieren konnte.

Dieses erste Opfer Christi auf Erden hatte also zwei Effekte: Es stellte unsere Sinne wieder her und bewahrte unsere Fähigkeit, aufrecht zu stehen.

Eine Wiederholung

Dieses Opfer Christi, der den Erzengel von oben her durchdrang und mit ihm eins wurde, ist dem Opfer, das der Christus auf der ersten Inkarnation von Mutter Erde, auf dem Alten Saturn, erbrachte, sehr ähnlich – und es ist in gewissem Sinne eine Wiederholung davon. Auch dort handelte es sich, wie heute, um eine vertikale Achse, von welcher inspirierende und heilende Kräfte ausgingen.

Achtung!

Es ist wichtig zu verstehen, dass dieses erste Opfer Christi auf Erden in erster Linie auf das Ich ausgerichtet war. Christus übergab sein Ich an Gott, den Vater, der Erzengel übergab sein Ich an den Christus, und die Menschen auf der Erde lernten, ihr Ich auf Gott und auf Christus auszurichten. Dadurch wurden ihre Sinne geheilt, und sie konnten infolgedessen weiterhin aufrecht stehen und gehen.

9.

Luzifer und die Riesen

Riesen: Fantasie oder Realität?

Schon als Kind war ich, wie viele andere Kinder auch, von Riesen fasziniert. Besonders beeindruckte mich (als reformiert erzogenen Jungen), dass sie nicht nur in allen möglichen Sagen und Mythen vorkamen, sondern auch in der Bibel beschrieben wurden. Man denke beispielsweise an den Riesen Goliath, gegen den David, der Hirtenjunge und spätere König von Israel, in den Krieg zog.[50] Auch vorher schon wurde in der Bibel von Riesen berichtet: „Es waren auch zu den Zeiten Tyrannen auf Erden; [... Es] wurden daraus Gewaltige in der Welt und berühmte Männer."[51]

Später entdeckte ich, dass Riesen auch in den apokryphen Schriften erwähnt werden, das heißt, in heiligen Texten, die zwar nicht in die Bibel aufgenommen, aber dennoch als heilig verehrt wurden, wie zum Beispiel das „Erste Henochbuch". Darin heißt es, dass die Giganten bis zu 300 Ellen groß waren. Wenn wir bedenken, dass eine Elle in jenen vergangenen Zeiten etwa 50 cm betrug, dann bedeutet dies, dass diese Giganten 150 Meter groß wurden. So kam es zu einer Hungersnot, weil die Riesen alles auffraßen. Als sie schließlich keine Nahrung mehr finden konnten, fraßen sie auch die Menschen und die Tiere auf.[52]

Riesen müssen also wirklich existiert haben, das nahm ich wie selbstverständlich an, weil sie in so vielen Überlieferungen erwähnt wurden. Deshalb beschäftigte mich als Kind lange Zeit diese Frage: „Wie ist es möglich, dass es in der Vergangenheit sehr wohl Riesen auf der Erde gab, und warum gibt es sie jetzt nicht mehr?“ Später war diese Frage nicht mehr so präsent, wie es eben so oft bei Kinderfragen der Fall ist. Doch irgendwo auf dem Grunde meiner Seele schlummerte sie weiter und erwachte immer wieder zum Leben, wenn von Riesen die Rede war.

Was für ein Geschenk war es also, als ich von Rudolf Steiner erfahren durfte, dass es diese Riesen sehr wohl gab. Je länger ich darüber nachdachte, was er über sie sagte, desto mehr begann ich zu spüren, dass dies die Antwort auf meine Frage nach den Riesen war. Man braucht nämlich schon eine gewisse Zeit, um solche Erkenntnisse zu verdauen! Aber lassen Sie es mich Ihnen Schritt für Schritt erklären – und zwar anhand des zweiten Opfers, das der Christus zu Beginn des atlantischen Zeitalters auf der Erde erbrachte.

Ätherleib und Astralleib

In der frühatlantischen Zeit flossen unser Ätherleib und unser Astralleib sozusagen ineinander – es gab noch keine klare Trennung zwischen beiden. Unseren Ätherleib kann man am besten an einem schlafenden Menschen erkennen. Wenn man nämlich den Unterschied zwischen einem Toten und einem schlafenden Menschen betrachtet, erkennt man den Ätherleib. Er besteht aus ätherischen Energien oder Lebenskräften, die durch unseren physischen Körper fließen und ihn am Leben erhalten. Diese Energien nehmen die Form unseres Körpers an und werden deshalb auch als „Ätherleib“ bezeichnet. Durch den Ätherleib werden sieben Körperprozesse ermöglicht: Atmung, Erwärmung, Ernährung, Ausscheidung, Versorgung, Wachstum und

Fortpflanzung. Diese sieben Prozesse sind jeweils mit einem der drei Seelenprozesse verbunden: Unserem Denken, unserem Fühlen und unserem Wollen.[53]

Welche aber sind diese Seelenprozesse? Sie sind Teil unseres Astralleibes und gehen von ihm aus. Wir erkennen den Astralleib am Unterschied zwischen einem schlafenden und einem wachen Menschen – dieser Unterschied besteht im Bewusstsein, im aktivem Handeln und Denken. Sobald wir aufwachen, werden wir aktiv, bewusst und beginnen, uns zu bewegen. Diese Kräfte verdanken wir den Planeten. Daher werden sie „Sternenkräfte" oder auch „Astralkräfte" genannt. („Astra" ist ein lateinisches Wort und bedeutet „Sterne"). Diese Astralkräfte ziehen durch unseren physischen Körper und Ätherleib und nehmen dabei auch die Form unseres Körpers an (doch ihr Umfang ist eben ein wenig größer beziehungsweise breiter. Hellseher nehmen dies wahr, wenn sie unsere Aura sehen). Deshalb bezeichnen wir diese Kräfte auch als unseren „Astralleib". Diese Astralkräfte machen, wie gesagt, unser Denken, Fühlen und Wollen möglich.

Wie die Riesen entstanden sind

Da es zu Beginn des atlantischen Zeitalters noch keine klare Trennung zwischen unseren Ätherkräften (bzw. unserem Ätherleib) und unseren Astralkräften (bzw. unserem Astralleib) gab, konnten die Astralkräfte ganz direkt auf die Ätherkräfte einwirken. So war unsere Atmung unmittelbar von unserem *Denken* durchdrungen. Daher hatte unser Denken direkten Einfluss auf unsere Atmung und umgekehrt. Drei weitere Lebensprozesse, nämlich Ernährung, Versorgung und Ausscheidung, waren eng mit dem *Fühlen* verbunden, während Wachstum und Fortpflanzung hauptsächlich mit unseren *Willenskräften* verbunden waren.

Wenn ich nun von diesen Erkenntnissen zu dem Beispiel der Riesen zurückkehre, mit dem ich dieses Kapitel begonnen habe, ist es wichtig zu erkennen, dass unsere Wachstumskraft folglich unserer Willenskraft unterstellt war. Unsere Willenskraft wirkte direkt und ungehindert auf die Wachstumskräfte unseres physischen Körpers ein. Wenn wir dazu auch noch bedenken, dass Luzifer (in diesem frühatlantischen Zeitalter in einem beginnenden Bündnis mit Ahriman) versucht hat, den Menschen zu verführen, und dass er vor allem aus unserem Astralleib heraus und darinnen wirkt, dann wird klar, in welcher Weise Luzifer die Entwicklung des Menschen stören wollte – über das Einwirken auf die Willenskraft des Menschen, indem er diese auf dessen Wachstum ausrichtete. Je mehr Raum Luzifer gegeben wurde und je mehr er die Willenskraft des Menschen auf dessen Wachstum lenkte, desto größer wurde der Mensch entsprechend auch.

So entstanden also die Riesen: Indem Luzifer die Willenskraft des Menschen anregte und sie mehr und mehr auf dessen körperliches Wachstum ausrichtete. Je mehr Gelegenheit er bekam, auf den Menschen einzuwirken, desto größer wurde dieser. Deshalb ist auch ein Vortrag Rudolf Steiners überliefert, in dem er sagt, dass geistig hochentwickelte Menschen zu jener Zeit sehr klein von Statur waren. Diejenigen aber, die sich nicht um ihre geistige Entwicklung kümmerten, waren Riesen.[54] Bei den hochentwickelten Menschen hatte Luzifer nämlich viel weniger Gelegenheit, ihre Willenskraft auf ihr körperliches Wachstum zu lenken – sie setzten ihren Willen hauptsächlich für ihre geistige Entwicklung ein.

Luzifer wirkte übrigens nicht nur über die Willenskraft auf das Wachstum eines Menschen ein, sondern er versuchte auch, alle anderen Lebensprozesse zu stören. so wissen wir beispielsweise, dass es ursprünglich – zu Beginn des atlantischen Zeitalters – einen direkten Zusammenhang zwischen Denken und Atmen gab. Deshalb konnte in

Indien die Yoga-Methode entstehen, bei der durch eine Regulierung der Atmung das (unruhige) Denken beeinflusst wurde und somit zur Ruhe kam.[55]

Diese Entwicklung machte ein weiteres Opfer Christi notwendig, um die menschliche Entwicklung nicht völlig entgleisen zu lassen, weil Luzifer über unsere Seelenkräfte immer stärker und störender auf die Lebensprozesse unseres Körpers einwirkte. Aber welche Art von Opfer erbrachte der Christus dieses Mal? Und wie konnte dieses Opfer der Erschaffung von Riesen ein Ende setzen? Heutzutage gibt es ja keine Riesen mehr: Wie wurde dieser Entwicklung Einhalt geboten?

Das zweite Opfer

Dieses zweite Opfer fand zu Beginn des atlantischen Zeitalters statt. Zweck dieses Opfers war es, eine klare Trennung zwischen dem Ätherleib und dem Astralleib herbeizuführen, so dass Luzifer nicht mehr von den Seelenkräften heraus direkt auf die Lebensprozesse einwirken konnte. Mit anderen Worten: Ziel war es, dass Luzifer nicht mehr bewirken konnte, dass die Menschen zu furchterregenden Riesen heranwuchsen. Auch zu Beginn von Atlantis verband sich der Christus – ebenso wie beim ersten irdischen Opfer in Lemuria – mit einem Erzengel. Der Schwerpunkt lag dieses Mal, bei dieser Verbindung, auf dem Astralleib des Erzengels. Der Astralleib des Erzengels trennte sich dadurch von seinem Ätherleib und begann sich immer mehr auszudehnen, bis er ein Teil der Astralwelt wurde und sich gleichsam darin auflöste.

Die geistigen Kräfte, die bei diesem zweiten – der sieben irdischen – Opfer freigesetzt wurden, ergossen sich über die Menschheit. Sie wirkten damit spiegelnd auf den Astralleib des Menschen ein und trennten ihn (genauso wie es mit dem Erzengel geschah) von seinem

Ätherleib. Das Ergebnis dieses ganz speziellen Prozesses war, dass die direkte Verbindung zwischen den Lebensprozessen und den Astralkräften (des Denkens, Fühlens und Wollens) unterbrochen wurde, und dass Luzifer nicht mehr so direkt und störend über diese Astralkräfte auf die Lebensprozesse des Menschen einwirken konnte. So kam es zu einer klaren Trennung zwischen dem Astralleib des Menschen und seinem Ätherleib. Sein Astralleib musste somit nicht mehr all seine Kräfte aufbieten, um den Ätherleib zu durchströmen und zu steuern. Dadurch wurden Astralkräfte freigesetzt, die nun genutzt werden konnten, um weitere Entwicklungen einzuleiten.

Der Mensch lernt sprechen

Wofür wurden diese freigesetzten Astralkräfte benutzt? Um den Menschen zu befähigen, Töne zu erzeugen – und zwar, um damit auszudrücken, was ihn innerlich bewegte. So entstand die Fähigkeit des Menschen zu sprechen. Anfangs ging es dabei hauptsächlich darum, Gefühle auszudrücken, doch später benutzte der Mensch nicht nur emotionale Worte, sondern lernte auch, objektive Worte zu sprechen, die ausdrückten, was außerhalb von ihm geschah.

Achtung!

Bei diesem zweiten Opfer lag der Schwerpunkt auf dem Astralleib des Erzengels und des Menschen. Beim ersten Opfer lag die Betonung auf dem Ich, nun lag sie auf dem Astralleib. So wird eine absteigende Entwicklung sichtbar: Das Ich ist ja eine geistige Kraft, der Astralleib ist aus Astralkräften aufgebaut.

10.

Der Verlust des atavistischen Gedächtnisses

Das dritte Opfer

Das dritte Opfer fand am Ende des atlantischen Zeitalters statt. Dabei ging es in erster Linie um die Erinnerungen der Menschen – und zwar insbesondere um das atavistische Gedächtnis, (also jenes so besondere Erinnerungsvermögen, das der Mensch in jenen alten Zeiten noch besaß. Was bedeutete diese Fähigkeit? Sie bewirkte, dass der Mensch sich an wirklich alles erinnern konnte – und zwar nicht nur daran, was er selbst getan, gesagt und erlebt hatte, sondern auch daran, was seine Eltern, Großeltern und weitere Vorfahren getan, gesagt und erlebt hatten. Der Mensch konnte sich auch mühelos daran erinnern, wie seine Vorfahren alle möglichen Probleme gelöst hatten.

Diese Fähigkeit war sehr wichtig, denn dadurch musste der Mensch im Alltagsleben sein Denken nicht weiterentwickeln, um die Probleme zu lösen, mit welchen er konfrontiert wurde. Er musste sich „nur" daran erinnern, wie seine Vorfahren diese Probleme gelöst hatten, und diese Lösung dann selbst ebenfalls anwenden. Wenn der Mensch dazu gebracht werden sollte, sein Denken zu entwickeln – und das war Teil des göttlichen Plans – dann musste er sein atavistisches Gedächtnis verlieren. Und genau das – der Verlust jenes alten Erinnerungsvermögens – trat als Folge des dritten Opfers Christi ein.

Unsere Erinnerungen werden mit dem Tod frei

Jetzt leben unsere Erinnerungen in unserem Ätherleib. Daher richtete sich das dritte Opfer, das der Christus auf Erden erbrachte, an den Ätherleib – und damit folglich an das atavistische Gedächtnis. Wie verlief dieses dritte Opfer Christi? Wieder durchdrang der Christus den Erzengel, der – wie wir bereits sahen – kein anderer war als der spätere Jesus von Nazareth. Diesmal erfolgte die Verbindung vor allem mit dem Ätherleib des Erzengels. Weil Christus sich besonders damit verbunden hatte, beginnt dieser sich auszudehnen. Doch wenn sich unser Ätherleib ausdehnt, hat das weitreichende Folgen.

Dies wird vor allem deutlich, wenn wir betrachten, was mit unserem Ätherleib passiert, wenn wir sterben. Er löst sich mit dem Tod vom physischen Körper und wird frei. Er braucht nicht mehr im Dienst des physischen Körpers zu stehen, um ihn mit Lebenskräften zu durchdringen und zu nähren. Sobald jedoch dieser Ätherleib frei wird, werden auch unsere Erinnerungen freigegeben, die in diesem Körper gespeichert sind. In den ersten drei Tagen nach unserem Tod stehen sie in ganz besonderer Weise – und zwar als lebendige, bunte und bewegte Bilder – um uns herum und geben uns einen Überblick über unser gerade abgeschlossenes irdisches Leben. Dieser Rückblick auf unsere irdischen Erinnerungen wird unser „Lebenspanorama“ oder unser „Lebenstableau“ genannt.[56] Nach drei Tagen fließen diese Bilder in die Ätherwelt hinaus und werden in dieser aufgenommen – und damit in das Weltwissen integriert.

Wie das Denken des Menschen möglich wurde

So ist das nach unserem Tod, aber so ist es auch dem Erzengel beim dritten Opfer Christi ergangen. Sein Ätherleib wurde durch die Vereinigung Christi mit ihm aufgelöst. Alle Erinnerungen des Erzengels

– und damit sein gesamtes Erinnerungsvermögen – strömten daraufhin in die Ätherwelt hinaus und verschmolzen schließlich mit dem Weltendenken. Mit anderen Worten, das Weltendenken absorbierte das Gedächtnis des Erzengels. Dieses kosmische Ereignis spiegelte sich in der Menschheit wider. Gegen Ende des atlantischen Zeitalters durchliefen die Menschen ganz allmählich denselben Prozess, den der Erzengel durchlaufen hatte: Ihr Ätherleib wurde ausgedehnt, und ihre atavistischen Erinnerungen ergossen sich in die ätherische Welt und wurden Teil des Weltendenkens.

Infolgedessen verlor der Mensch sein atavistisches Gedächtnis. Er konnte sich nicht mehr daran erinnern, was seine Vorfahren in schwierigen Situationen getan hatten, und wurde so zum Nachdenken gezwungen. Diese ganz besondere Entwicklung wurde durch die geistigen Kräfte, die bei dem Opfer ausströmten, möglich, das der Christus zusammen mit dem Erzengel erbrachte, indem er den Ätherleib des Erzengels durchdrang und ausdehnte.

Die Neugeburt des Denkens

So wurde das alte, atavistische Gedächtnis der Menschheit langsam ausgelöscht. Bitte machen Sie sich bewusst, dass dies Prozesse sind, die nicht in kurzer Zeit ablaufen, sondern allein durch eine ganz allmähliche Entwicklung möglich werden. Doch dieses alte, atavistische Gedächtnis erlebte eine Neugeburt im Menschen – und zwar als die Fähigkeit, selbst zu denken. Wie war diese Transformation möglich? Um es kurz und bündig zusammenzufassen: Sie wurde möglich, weil beim dritten Opfer Christi das Ich des Menschen von seinen Seelenkräften (und damit von seinem Astralleib), mit welchen es bis dahin eine untrennbare Einheit gebildet hatte, getrennt wurde. Weil das Ich nun frei und unabhängig wurde, konnte das Denken des Menschen entwickelt werden – denn um selbst denken zu können, muss man ein Ich besitzen.

(Gestatten Sie mir eine Anmerkung am Rande: Ich bin mir durchaus bewusst, wie kurz und knapp ich dieses gewaltige Ereignis in Worte fasse. Aber bitte nehmen Sie sich einen Moment Zeit, und lassen Sie auf sich wirken, wie beeindruckend und großartig dieses Geschenk der Neugeburt unseres Denkens ist: Unsere ganze heutige Gesellschaft ist auf diesem Denken aufgebaut). So enthielt auch dieses dritte Opfer Christi einen tiefgreifenden Impuls für die weitere Entwicklung des Menschen.

Achtung!

Es ist wichtig zu verstehen, dass dieses dritte Opfer Christi auf den Ätherleib des Menschen gerichtet war. Dieses Opfer impliziert also einen weiteren Abstieg in das Wesen des Menschen hinein. Nach dem Ich und dem Astralleib des Menschen wirkte der Christus nun – über den Erzengel – auf den Ätherleib des Menschen ein. Das vierte Opfer – das erst viel später durch den Christus auf Golgatha dargebracht wurde – war demzufolge logischerweise auf den physischen Leib des Menschen ausgerichtet. Aber dazu später mehr.

Der Aufbau des Menschen

Wenn wir die ersten drei der sieben Opfer betrachten, die der Christus stellvertretend für den irdischen Menschen erbracht hat, so fällt auf, dass dank dieser Opfer der Aufbau des Menschen, wie wir ihn heute kennen, möglich wurde. Der Mensch besteht nämlich aus einem physischen Körper, einer Seele und einem Geist oder, mit anderen Worten, aus:

- einem physischen Körper
- einem Ätherleib
- einem Astralleib

- dem Ich (das aus einem niederen Ich und einem höheren Ich besteht).

Wenn wir von der Dreigliederung in „Körper, Geist und Seele" ausgehen, müssen wir sagen: Unser Körper besteht aus einem physischen Körper und einem Ätherleib; unser Astralleib ist der Träger unserer Seele, und in unserem Ich lebt der Geist. Dank dieser Entwicklung kann sich der Mensch nun weiterentwickeln, um allmählich zu dem Menschen zu werden, wie Gott ihn geplant hat.

Das vierte Opfer

Das vierte Opfer, das der Christus erbrachte, ist das Opfer, das wir aus der Bibel kennen: Der Tod Jesu Christi am Kreuz. Bei diesem vierten Opfer durchdrang der Christus den Menschen Jesus von Nazareth bis in den physischen Körper hinein. Der Fokus dieser Verbindung lag auf dem physischen Körper. Wir wissen inzwischen, dass dieser Jesus von Nazareth kein anderer war als der Erzengel, der dem Christus bei seinen ersten drei Opfern zur Unterstützung der Menschen auf Erden beigestanden hatte. Auch er brachte viele Opfer, denn auch er machte eine Abwärtsentwicklung durch: Als Erzengel nahm er die Hülle eines einfachen Engels und später sogar die Hülle eines Menschen an.

Jesus von Nazareth vollzog diese Abwärtsentwicklung in Anlehnung an Christus, der von der Sonne herabgestiegen war und alle Engelwelten durchlaufen hatte. Bei jedem weiteren Abstieg war er stets zu einem besonderen Engel geworden – zu einem Seraphim, einem Cherubim und einem Thron, bis hin zum Erzengel und dem „gewöhnlichen" Engel. Dieser Abstieg war eine fortwährende Opferreise, bei der er sich immer wieder „entäußerte", um zu dem jeweiligen besonderen Engel werden zu können. Endlich wurde er Mensch – das war das größte Opfer von allen.[57]

Wenn wir das vierte Opfer auf Golgatha verstehen wollen, müssen wir uns zunächst mit den Geheimnissen des Menschen Jesus von Nazareth beschäftigen. Nur wenn wir diese ergründen, können wir nachvollziehen, wie und auf welche Weise er sich wieder, nun aber als Mensch, mit dem Christus verbinden konnte. Deshalb werde ich mich in den folgenden Kapiteln zunächst auf Jesus von Nazareth und seine Mysterien konzentrieren.

Teil III

DIE MYSTERIEN JESU

11.

Die beiden Jesuskinder

Vier Evangelien

In der Bibel gibt es vier Evangelien, die über das Leben von Jesus Christus berichten. Sie wurden nach ihren Autoren benannt: Matthäus, Markus, Lukas und Johannes. Jahrhundertelang hat die Menschen (Gläubige und Theologen) ganz besonders eine Fragestellung zu den Evangelien beschäftigt: „Warum gibt es eigentlich vier Evangelien? Reichte denn ein Evangelium nicht aus?“ Diese Frage war auch deshalb so wichtig, weil sich die vier Evangelien in vielen Punkten untereinander zu widersprechen scheinen. Und welches der vier hat dann recht?

Die Antwort darauf ist im Grunde ganz einfach: Es gibt vier verschiedene Evangelien, weil sie alle vier jeweils einen anderen Aspekt des Christus-Mysteriums beleuchten. Sie widersprechen sich deshalb auch nicht, sondern ergänzen sich vielmehr gegenseitig. Vor allem Emil Bock hat uns in diesem Punkt aufgeklärt. Er lebte von 1895 bis 1959 und war ein Schüler von Rudolf Steiner. Die diversen Bücher, die er über die Evangelien schrieb, sind noch immer maßgebend für jeden, der die Geheimnisse Jesu Christi verstehen lernen möchte.[58]

Die Geburt Jesu und die Geburt Christi

Auf den ersten Blick fällt auf, dass zwei Evangelisten, nämlich Matthäus und Lukas, zu Beginn ihres Evangeliums die Geburt des Jesuskindes beschreiben. Die anderen beiden, Markus und Johannes, tun dies jedoch nicht. Sie überspringen die Geburt des Jesuskindes und legen zu Beginn ihres Evangeliums das volle Augenmerk auf die Taufe im Jordan, als Jesus dreißig Jahre alt war. Das ist ein bedeutender Unterschied für jeden, der die Mysterien Jesu kennt; denn die beiden zuletzt genannten Evangelisten, Markus und Johannes, die nichts *über die Geburt Jesu* erzählen, berichten nämlich *über die Geburt Christi* auf Erden und beginnen sogar damit. Denn das ist es, was bei der Taufe geschah: Der Christus kam in Gestalt einer Taube herab und verkörperte sich in dem Menschen Jesus. Das war demnach seine irdische Geburtsstunde.

So machen die Evangelisten stillschweigend – aber im Grunde genommen sehr nachdrücklich – deutlich, dass es sich bei der Figur Jesu Christi um zwei Wesen handelt: Um den menschlichen Jesus (dessen Geburt von Matthäus und Lukas beschrieben wird) und den göttlichen Christus (dessen Geburt von Markus und Johannes beschrieben wird). Bei der Taufe im Jordan kommen diese beiden zusammen und werden eins. Von diesem Moment an sprechen wir nicht mehr von Jesus, sondern von Jesus Christus.

Vor diesem Hintergrund ist es verständlich, dass die Weihnachtszeit sowohl in der frühen Kirchengemeinde als auch heute noch in Osteuropa (z. B. in Russland, Serbien, Griechenland, Rumänien und Bulgarien) nicht auf zwei Tage beschränkt ist, wie es in Westeuropa und anderswo auf der Welt der Fall ist. In Osteuropa beginnt die Weihnachtszeit im östlich-orthodoxen Christentum zwar am 25. Dezember, doch sie endet erst am 6. Januar, an dem Tag, an dem traditionell die Taufe im Jordan gefeiert wird. So umfasst die Weihnachtszeit im Grunde genommen den Zeitraum von der Geburt des Jesuskindes bis hin zur Geburt des Christus bei der Taufe im Jordan. Das allein zeigt uns, dass die frühen Christen sich der verborgenen Mysterien Jesu Christi sehr wohl bewusst waren.

Welcher Mensch ist imstande, den Christus zu tragen?

Was ich oben in wenigen Worten angedeutet habe, ist in der Tat ehrfurchtgebietend und gewaltig: Der kosmische Christus, ein göttliches Wesen, das sich in einer kontinuierlichen Entwicklung über Jahrhunderte hinweg „entäußerte". Der kosmische Christus, der sich schließlich in einem so einfachen Wesen, einem Menschen, verkörperte – in Jesus von Nazareth. Bei dem Versuch, sich das vorzustellen, spürt man erst, wie gewaltig dieses Ereignis ist. Das wirft sofort die Frage auf, wie es denn überhaupt möglich war, dass einst ein Mensch auf Erden lebte, der imstande war, den kosmischen Christus in sich aufzunehmen, ohne daran zu sterben? Denn die kosmischen Kräfte Christi waren wirklich unvorstellbar groß, selbst wenn man bedenkt, dass er schon so viele göttliche Kräfte in jenem sich ständig wiederholenden Prozess der Entäußerung abgestreift hatte. Damals waren es noch göttliche und nicht menschliche Kräfte, die ihn durchströmten, und die er im Grunde selbst war. Welcher Mensch war stark genug, diese Kräfte zu ertragen?

Die Antwort ist einfach: Kein einziger Mensch. Warum nicht? Weil ein solcher Mensch Anforderungen erfüllen müsste, die in Wirklichkeit unerfüllbar sind. Zum einen muss ein solcher Mensch vollkommen rein sein; denn nur, wer völlig rein ist, kann das Allerreinste tragen – ein göttliches Wesen. Doch das wiederum bedeutet, dass diese Person frei von Karma sein muss, denn Karma bedeutet ja Unreinheit: Lektionen, die wir in einem früheren Leben noch nicht richtig gelernt haben, und die daher als Unvollkommenheit an uns haften. Das bedeutet aber, dass der Mensch, der den Christus tragen soll, noch nie auf der Erde gelebt haben darf, denn sobald wir unser erstes Leben auf Erden beginnen, beginnt das Gesetz des Karma zu greifen.

Andererseits muss ein Mensch, der den Christus in sich aufnehmen darf, jedoch auch eine beachtliche irdische Kraft und Weisheit besitzen, damit er fest auf beiden Beinen steht und seinen Weg hier auf Erden kennt. Schließlich ist die Christus-Kraft so überwältigend, dass er von ihrer Macht ohne Weiteres zu Fall gebracht werden könnte. Doch wie erlangt man diese irdische Kraft? Wie lernt man, mit beiden Beinen fest auf dem Boden zu stehen? Wie erwirbt man irdische Weisheit? Das kann man sich nur im Laufe vieler Erdenleben aneignen, in welchen man an sich selbst arbeitet und im Verlauf derer sich diese irdische Kraft allmählich in einem Menschen entwickeln kann.

Damit wird deutlich, dass es in der Tat keinen einzigen Menschen gab, der ein geeigneter Träger Christi hätte sein können. Ein Mensch ist ja entweder rein, doch dann besitzt er keine irdische Kraft, oder er besitzt irdische Kraft, ist dann jedoch nicht rein. Aus diesem Grund wurden vor 2.000 Jahren zwei Jesusknaben geboren, die zusammen der Träger Christi werden sollten. Der erste Jesus war ein reines Kind, das noch nie auf der Erde gelebt hatte, der andere Jesus war ein Kind, das schon viele Male auf die Erde hinabgestiegen und an den Lektionen des Lebens gewachsen war. Infolgedessen war er ein großer Eingeweihter geworden und besaß eine besondere irdische Kraft. Die beiden Kinder freundeten sich schon früh an, arbeiteten eng zusammen und vereinten irgendwann ihrer beiden Kräfte: Die Reinheit und die irdische Kraft, so dass der eine Mensch entstand, der den Christus in sich aufnehmen und tragen konnte.

Zarathustra

Das erste Kind, der wiedergekehrte Eingeweihte, der während vieler Leben immer wieder auf die Erde zurückgekehrt war, war Zarathustra. Wir kennen ihn als den großen Eingeweihten, der der Begründer der zweiten postatlantischen Kulturperiode (5000 v. Chr. – 2907 v. Chr.), der altpersischen Kultur, war. Zarathustra war der große Eingeweihte, der bemerkte, dass der Sonnengeist (der Erzengel, in dem sich der Logos oder der Christus „verseelt" hatte) die Sonne verlassen und sich auf den Weg zur Erde gemacht hatte. Er erkannte auch, dass dieser Sonnengeist in ferner Zukunft auf die Erde herabsteigen würde, um dort Mensch zu werden. Dies machte einen unauslöschlichen, tiefen Eindruck auf ihn. Deshalb war diese Erkenntnis für ihn Anlass, die Aufmerksamkeit „seiner Leute" auf die Erde zu lenken und ihnen zu helfen, die Erde weiterzuentwickeln. Schließlich war das die Welt, in der der Sonnengeist eines Tages Mensch werden würde. Diesem Impuls von Zarathustra verdanken wir die Entwicklung von Ackerbau und Viehzucht.

So wurde er zum großen Eingeweihten, der die Aufmerksamkeit der Menschen auf die Erde lenkte und sie lehrte, nicht mehr länger nur in tiefer Sehnsucht zur geistigen Welt aufzublicken, sondern sich der Aufgabe zu stellen, das irdische Leben selbst zu lenken und in die Hand zu nehmen. Dieses sehnsüchtige Hinaufblicken zur geistigen Welt war die Haltung, die der Mensch in der vorausgegangenen, der ersten postatlantischen Kulturperiode, dem altindischen Zeitalter, eingenommen hatte. Es war folglich ein grundlegender, entscheidender Wandel, den Zarathustra von seinen Anhängern verlangte: Nicht länger in Sehnsucht nach der geistigen Welt zu verharren, sondern sich bewusst und wach mit der irdischen Welt zu verbinden. Die ganze Entwicklung der westlichen Welt mit ihrer ausgeprägten Hinwendung zur Technik, zur Materie, zum irdischen Leben verdanken wir noch heute diesem entscheidenden Impuls von Zarathustra.

Das Jesuskind bei Matthäus

Vor 2.000 Jahren kehrte dieser Zarathustra auf die Erde zurück und wurde als Sohn des Joseph aus königlicher Linie geboren. Dieser war der direkte Nachkomme von König David und damit der Mann, auf den die Juden ihre Hoffnung gesetzt hatten. Er und sein Haus, so hofften sie, würden diejenigen sein, die die Römer aus Israel vertreiben und das Königtum wiederherstellen würden. Joseph war mit Maria, einer ehemaligen Tempeljungfrau, verheiratet. Joseph und seine Frau lebten in Bethlehem, in der alten Stammesheimat von König David. Das Matthäus-Evangelium berichtet ausführlich über die Geburt ihres Kindes. Zum Beispiel dies: Als es gerade geboren war, kamen drei Weise (oder drei Könige) aus dem Morgenland, um es zu besuchen und zu ehren. Sie waren in einem früheren Leben Schüler von Zarathustra gewesen und, genau wie er, zu einem neuen Leben auf die Erde zurückgekehrt.[59]

Dies war auch die Familie, die nach Ägypten fliehen musste: Joseph, Maria und ihr Kind Jesus, weil König Herodes von der Geburt dieses Kindes – und damit von diesem Thronanwärter – gehört hatte und drohte, es zu töten. Kurz nach ihrer Flucht nach Ägypten ließ Herodes, um dies zu erreichen, tatsächlich alle Kinder von Bethlehem töten. Es ist ein grausames Ereignis, das als „Kindermord von Bethlehem“ in die Geschichte eingegangen ist.[60]

In Ägypten lebte die Familie mehrere Jahre in Heliopolis, einer Stadt mit einem berühmten Tempel, der den Mysterien der Sonne geweiht war. Darauf verweist auch der Name Heliopolis. Er bedeutet: „Stadt der Sonne“. Für den jungen Jesus war diese Stadt genau der richtige Ort, an dem er sich aufhalten sollte, denn tief im Innersten von ihm – der Reinkarnation Zarathustras – lebten die großen Geheimnisse des Sonnengeistes.

Dort, in Heliopolis, lehrten die Priester den jungen Jesus nicht nur die Geheimnisse der Sonne, sondern auch die des Hermes Trismegistos, des großen Eingeweihten und Begründers der ägyptischen Kultur, der, ebenso wie Moses, ein wichtiger Schüler Zarathustras gewesen war. So erwachte die uralte Weisheit Zarathustras, die tief in Jesus schlummerte, auf neue Weise wieder zum Leben.[61]

Nach drei Jahren hatte Joseph einen Traum, in dem er aufgefordert wurde, mit seiner Familie nach Israel zurückzukehren und sich in Nazareth niederzulassen (also nicht in Bethlehem, wo sie hergekommen waren). Der Engel, der in seinem Traum zu ihm sprach, teilte ihm auch mit, dass Herodes gestorben war und sie deshalb in Sicherheit sein würden. So geschah es, dass die Familie des Joseph mit königlicher Abstammung nach Nazareth kam und dort lebte. Dieser Jesus, von dem das Matthäus-Evangelium so viel und so klar erzählt, war der Mensch, der die notwendige irdische Kraft und Weisheit besaß.

Das Jesuskind bei Lukas

Der andere Jesus wurde in einem Stall als Sohn des Zimmermanns Joseph und dessen junger Frau Maria geboren. Er war ihr erstes und einziges Kind. Seine Geburt und seine frühen Jahre werden im Lukas-Evangelium beschrieben. (Daher brauchte man auch zwei Evangelien – das von Matthäus und das von Lukas – die jeweils von der Geburt eines Jesusknaben erzählten: Es gab nämlich zwei verschiedene Jesuskinder).

Dieses Jesuskind hatte noch nie auf Erden gelebt. Es war der Erzengel, der dem kosmischen Christus früher schon dreimal gedient hatte und dessen Kanal er bei seinen Opfern in Lemuria, im frühen Atlantis und gegen Ende des atlantischen Zeitalters gewesen war. Er hatte (wie wir bereits gesehen haben) als Erzengel eine Abwärtsentwicklung durchgemacht und sich zunächst „entäußert“, um zu einem Engel zu werden. Anschließend hatte er sich als Engel „entäußert“, um Mensch werden zu können.

Rudolf Steiner sagt (im Zusammenhang mit den drei Opfern Christi in Lemuria und Atlantis) über ihn: „Das ist ja das Wesentliche an dem Mysterium von Golgatha, dass dieser Jesus an all diesen drei Ereignissen beteiligt war, jedoch nicht als physischer Mensch, sondern als geistige Wesenheit, ja sogar als erzengel-artige Wesenheit. In allen drei Vorstufen, einmal in lemurischer und zweimal in atlantischer Zeit, war dieses Jesus-Wesen vom Christus-Wesen erfüllt gewesen. Diese ganz besondere Wesenheit, die dieses Engel- und Erzengelleben geführt hat, war im Grunde dieselbe, die später als Mensch geboren worden ist und als Jesusknabe im Lukas-Evangelium geschildert worden ist. Dreimal brachte sich diese Wesenheit in der geistigen Welt zum Opfer und beim vierten Mal wurde sie auf Erden mit dem Christus-Wesen durchzogen, dreimal als Engel, der vom Christus-Impuls durchzogen wurde, das letzte Mal in menschlicher Gestalt.“[62]

In diesem „ehemaligen“ Erzengel, in diesem so besonderen und einzigartigen Menschenwesen, lebte das höhere Selbst Adams, das auch als dessen „Schwesterseele“ bezeichnet wird. Was ist mit diesen Begriffen gemeint? Bei der Erschaffung Adams blieb dieses Wesen (das höhere Wesen Adams) in der geistigen Welt zurück, um zur rechten Zeit auf die Erde herabsteigen zu können, um der Entwicklung der Menschheit einen entscheidenden Impuls geben zu können.

Die Familie von Joseph, dem Zimmermann, lebte in Nazareth. Dort begegneten der Zimmermann und seine Familie dem anderen Jesuskind (der Familie des königlichen Joseph). Bald entwickelte sich zwischen diesen beiden Familien eine tiefe Freundschaft. Dieses Jesuskind, der Sohn des Zimmermanns und seiner jungen Frau Maria, dessen Geburt von Lukas so einfühlsam und liebevoll beschrieben wird, war frei von Karma, weil es noch nie auf der Erde gelebt hatte. Deshalb war es so rein und durch seine Liebeskraft so entwaffnend. Da es aber noch nie auf der Erde gelebt hatte, besaß es keine irdische Kraft und keine irdische Weisheit.

Die Unterschiede zwischen dem Matthäus-Evangelium und dem Lukas-Evangelium

Beide Kinder erwiesen sich als sehr unterschiedlich, während sie aufwuchsen. Der Jesusknabe aus dem Lukas-Evangelium war ein stilles Kind, keineswegs gesprächig. Es war auch verträumt und ein echtes Naturkind. Die Tiere liebten es und ließen sich von ihm streicheln, so scheu sie auch sonst waren. Wenn es seine Hand auf ein krankes Tier legte, genas es spontan.

Das Jesuskind aus dem Matthäus-Evangelium hingegen war wissbegierig und liebte es, so jung es auch war, mit den Priestern in Heliopolis über die Mysterien der Sonne, über die alten, im Verborgenen überlieferten Weisheiten und über den Einweihungsweg zu sprechen. Wenn wir die Daten des Matthäus-Evangeliums mit denen des Lukas-Evangeliums vergleichen, erkennen wir große Unterschiede. Theologen haben in der Vergangenheit immer wieder geseufzt: „Man könnte meinen, es handele sich um zwei verschiedene Kinder.“ Ohne es zu merken, hatten sie mit diesem Stoßseufzer den Nagel auf den Kopf getroffen.

Die Einswerdung der beiden Jesusknaben

Als die beiden Kinder zwölf Jahre alt waren, reisten sie mit ihren Eltern anlässlich des bevorstehenden jüdischen Passahfestes nach Jerusalem. Dort, im Tempel, ereignete sich ein Mysterium, von dem das Lukas-Evangelium in verschleierter und bildhafter Form berichtet.[63]

Was dort im Tempel (dank des Einflusses der heiligen Tempelenergien) geschah, war Folgendes: Das Ich oder der Geist des Jesuskindes der Königslinie (von dem Matthäus erzählt) verließ seinen Körper und ging in das andere, verträumte Jesuskind über (von dem Lukas berichtet). Das bedeutet, dass die irdische Weisheit (bzw. die Weisheit Zarathustras) und die irdische Kraft, die das königliche Matthäus-Kind besaß, auf das unbefangene, reine Lukas-Kind überging. Von jenem Moment an hatte das Jesuskind des Lukas die (irdische) Weisheit, die irdische Kraft und das klare Denken des anderen Jesuskindes zu seiner Verfügung. Mit anderen Worten: Von jenem Moment an war es sowohl vollkommen rein und frei von Karma, als auch im Besitz der so notwendigen irdischen Kraft.

Und das Jesuskind, das sein Ich oder seinen Geist aufgab und verlor? Was geschah mit ihm? Nach dem Besuch in Jerusalem kehrte es noch nach Nazareth zurück. Doch es wirkte wie ein Zombie, als wäre es nicht ganz bei sich, und als würden die Dinge nicht mehr zu ihm durchdringen. Kurze Zeit nach seiner Rückkehr starb es. Das andere Jesuskind (das Lukas-Kind) hingegen besaß nun alle nötigen Kräfte, um zu einem Christus-Träger zu werden.

12.

Der Einweihungsweg Jesu

Maria durchschaut das Mysterium

Durch das Opfer des königlichen Jesuskindes, das sein Ich dem anderen Jesuskind übergeben hatte, war dieses andere Jesuskind (das Lukas-Kind) ein völlig anderer Mensch geworden. Anstelle von Verträumtheit war es nun von klarem Denken erfüllt – wobei seine Reinheit unangetastet blieb. Diese große Veränderung erstaunte die Menschen in seinem Umfeld, die ja nicht verstehen konnten, woher diese Veränderung kam. Das Lukas-Evangelium erzählt uns, dass seine junge Mutter, die Frau des Zimmermanns, die Erste war, die diese Veränderung zu ihrem Erschrecken bemerkte. Wie kam es dazu?

Es geschah damals, als sie in Jerusalem waren, wo die Verschmelzung der beiden Jesuskinder stattfand. Maria verlor plötzlich ihren Sohn und machte sich auf die Suche nach ihm. Sie fand ihn schließlich im Tempel, wo er inmitten eines Kreises von Schriftgelehrten saß. Diese stellten ihrem Sohn alle möglichen schwierigen Fragen über das Judentum, die jüdische Religion und die Lehren der großen Propheten. Maria hörte, wie ihr Sohn auf all diese schwierigen Fragen sofort ganz klare Antworten gab, die sogar die Schriftgelehrten erstaunten. Sie waren tief beeindruckt von der Weisheit, die in den Antworten des jungen Jesus steckte.[64]

Maria blieb wie angewurzelt stehen und hörte erstaunt zu. Während sie zuhörte, kam ihr plötzlich der Gedanke: „Es ist, als ob ich dem anderen Jesus zuhöre, dem königlichen Jesus, denn das ist genau die Art, wie er immer redet. Aber mein Sohn, mein eigener verträumter und stiller Sohn? Könnte es sein, dass der andere Jesus irgendwie durch meinen Sohn spricht?“ In diesem Moment entdeckte ihr Mutterherz das Geheimnis, auch wenn sie nicht verstand, wie das möglich war. Lukas – der dieses Ereignis beschrieb – fügt bedeutungsvoll hinzu: „Und seine Mutter behielt alle diese Worte in ihrem Herzen.“[65]

Als die Stimme verloren ging

Seitdem führte der junge Jesus viel häufiger Gespräche mit Schriftgelehrten und Pharisäern. Die Begegnung und die vielen Gespräche mit ihnen bildeten sozusagen die erste Schulungsphase auf dem Weg, auf dem er Schritt für Schritt auf die Taufe vorbereitet wurde. Natürlich wusste er das selbst nicht, doch im Nachhinein können wir erkennen, wie die Schriftgelehrten ihm eine erste Ausbildung und Schulung, die er brauchte, gaben.

Sie kamen oft zu seinem Elternhaus in Nazareth, um ihn dort zu treffen und mit ihm zu sprechen: Das erste Gespräch damals, im Tempel, hatte einen bleibenden Eindruck bei ihnen hinterlassen. In diesen Gesprächen war oft vom „Großen Geist“ die Rede, der früher so deutlich durch die großen Propheten gesprochen hatte. „Heutzutage“, so sagten die Schriftgelehrten damals zu Jesus, „spricht der Große Geist nicht mehr.“ Sie nannten den Goßen Geist übrigens auch „die Stimme“. Was sie aktuell noch hörten, so sagten die Eingeweihten und Schriftgelehrten in diesen Gesprächen, war „eine schwächere Stimme“, die durch die Propheten und einige der Eingeweihten sprach: „Die Bath-Kol“ nannten sie diese Stimme, „die Tochter der Stimme“. Wann immer sie davon sprachen, hörte Jesus in ihren Worten die

Sehnsucht und den Kummer über den Verlust der Inspirationen durch den Großen Geist durchklingen. „Ja", sagten die Schriftgelehrten beispielsweise, „dieser hohe Geist, dieser gewaltige Geist, der zum Beispiel auch über Elias gekommen ist, der spricht nicht mehr." Die schwächere Stimme, die zwar noch sprach, die Bath-Kol, war jedoch von minderer Qualität als der Große Geist, der einst durch die alten Propheten gesprochen hatte.

Allmählich begann Jesus zu merken, dass die Tochter der Stimme, die Bath-Kol, auch durch ihn zu sprechen begann und ihm Eingebungen und Einsichten schenkte. Doch als Jesus etwa sechzehn Jahre alt war, offenbarte ihm die Bath-Kol, dass sie ihre Arbeit nicht mehr fortsetzen konnte, weil sie sich nicht mehr mit den höheren Sphären verbinden konnte, aus welchen ihre Inspirationen und Offenbarungen kamen. Es schien, als ob sich die geistige Welt immer weiter zurückzog und das der Grund dafür war, dass die Bath-Kol die höhere geistige Welt nicht mehr erreichen und keine Inspirationen mehr empfangen konnte. Sie war nicht mehr imstande, die zunehmende Distanz zwischen der menschlichen Welt und der höheren geistigen Welt zu überbrücken. Sie sagte zu Jesus: „Ich reiche jetzt nicht mehr hinauf zu den Höhen, wo mir wirklich der Geist die Wahrheit über den Fortgang des jüdischen Volkes offenbaren kann."[66]

Dieser Verlust bestürzte Jesus zutiefst. Jung, wie er war, beschäftigte ihn immer intensiver die Frage, wie es mit der Menschheit weitergehen sollte, nachdem sie nun keine Führung mehr aus der geistigen Welt erhielt und sogar die schwächere Bath-Kol zu verstummen begann. Das war eine Frage, die er nicht mit den Schriftgelehrten diskutierte, sondern über die er im Stillen nachdachte.

Er litt unter der Verlorenheit der Menschen

Ab seinem 16. Lebensjahr reiste er mit seinem Vater Joseph in fremde und unbekannte Länder. Damit begann die zweite Phase seiner Vorbereitung auf die Taufe. Unterwegs besuchten sie Tempel, Altäre und andere heilige Orte. Jesus beobachtete, dass sich die Engel von den meisten heiligen Orten zurückgezogen hatten und nur noch Dämonen am Werk waren, die sich auf das herbeiströmende Volk stürzten. Rudolf Steiner erzählt: „Wenn an manchen heidnischen Altären der Priester den Kult verrichtete und sich Jesus von Nazareth dann mit seinen hellseherischen Kräften das Opfer anschaute, [sah er], wie durch die Opferhandlung mancherlei dämonische Wesen herangezogen wurden. (…) Er machte weiter die Entdeckung, dass diese bösen, dämonischen Mächte vielfach übergingen in die Glaubenden, in die Bekenner, die an solchen Kultushandlungen teilnahmen.“[67]

Jesus konnte mit niemandem über diese Erfahrungen sprechen, nicht einmal mit seinem Vater. Deshalb machten ihn diese Erfahrungen einsam. Vor allem aber bereiteten sie ihm Schmerzen und machten ihn tieftraurig, denn er machte sich große Sorgen um die Menschen. Wenn sie keine Führung mehr aus der geistigen Welt erhielten und zunehmend in Gefahr waren, in die Hände der Dämonen zu fallen und besetzt zu werden, ohne es selbst zu bemerken, was sollte dann aus der Menschheit werden? Dann waren die Menschen rettungslos verloren.

Rudolf Steiner spricht von einer gewissen „Bitterkeit“, die beim Anblick der Dämonen, die vom unwissenden Volk als Götter oder hohe geistige Wesen verehrt wurden, in seiner Seele aufstieg. So kam es, dass Jesus, so jung er auch war, unsagbar unter der Verlorenheit und Hilflosigkeit der Menschen litt. Doch in jenen Jahren der Einsamkeit und des Leidens stieg in ihm ein immer stärkeres Mitgefühl auf – Mitgefühl für das, was die Menschen durchleben mussten.

Mitgefühl reifte zur Liebe

Als Jesus vierundzwanzig Jahre alt war, geschah etwas Drastisches. Er kam – dieses Mal allein, ohne seinen Vater – an einen heiligen Ort (irgendwo in einem fremden Land), wo einer heidnischen Gottheit Opfer dargebracht wurden. Um den Altar hatte sich das Volk versammelt. Jesus erkannte ihre Verlorenheit und ihr Leiden. Er sah, wie viele Menschen an seelischen, aber auch an allen möglichen körperlichen Krankheiten litten. Die Priester, die doch eigentlich die geistigen Führer dieses Volkes waren, hatten auch dieses Heiligtum schon längst verlassen.

Jesus hörte das Volk jammern: „Die Priester haben uns verlassen, die Segnungen des Opfers kommen nicht mehr auf uns hernieder, und wir sind aussätzig und krank, wir sind erschöpft und unter unserer Last gebeugt, weil uns die Priester verlassen haben." Jesus schaute voller Mitgefühl auf die Menschen, hörte ihre Wehklagen und nahm ihr Leid automatisch in sein Herz auf, als wäre es sein eigenes Leid. So reifte das tiefe Mitgefühl für die leidenden Menschen, das schon so lange in ihm gelebt hatte, zu einer unendlichen Liebe zu diesen so gequälten Menschen.

Eine Anmerkung am Rande, bevor ich noch etwas weiter darüber erzähle, was an jenem heidnischen Altar geschah: Diese bedingungslose Liebe sollte ihm für sein gesamtes weiteres Leben als Leitbild dienen. Das Matthäus-Evangelium berichtet von einem Ereignis, das Jahre später, nach der Taufe im Jordan, stattfand. Nach einer Schifffahrt auf dem See vor Kapernaum gingen die Jünger Jesu Christi mit ihm an Land. Dort wartete eine große Menschenmenge auf sie. Dann erzählt uns Markus: „Und Jesus ging heraus und sah das große Volk; und es jammerte ihn derselben; denn sie waren wie die Schafe, die keinen Hirten haben, und er begann eine lange Predigt."[68] An dieser Geschichte können wir ablesen, wie stark das Mitgefühl, das zu unendlicher Liebe herangereift war, sein ganzes Leben lang in ihm weiterwirkte. Außerdem können wir daran ablesen, wie tief es ihn berührte, Menschen als Schafe ohne einen Hirten zu sehen.

Die Umkehrung des Vaterunsers

Die Menschen, die um den heidnischen Altar standen, waren durch ihr Leid besonders empfindsam geworden. Wahrscheinlich spürten sie deshalb einen Hauch dessen, was in dem jungen Jesus vor sich ging, wie sich sein Mitgefühl für sie in eine unendliche Liebe zu ihnen verwandelte. Sie konnten diese Liebe an seinem Gesicht ablesen. Es beeindruckte sie zutiefst. Sie waren nämlich schon seit Langem im Stich gelassen worden, und es gab längst niemanden mehr, der sich um sie gekümmert hätte. Nun war da dieser Fremde, wahrscheinlich ein junger Priester, der von ihrem Schicksal so berührt war und eine heilende, tiefe Liebe ausstrahlte.

Gerührt riefen sie aus: „Du bist der neue Priester, den uns die göttliche Welt geschickt hat!“ Sie drängten ihn zum Opferaltar hin und hoben ihn hinauf. Dann schauten sie sehnsüchtig und erwartungsvoll zu ihm auf. Sicherlich würde dieser junge Priester nun die Opfer verrichten, damit der göttliche Segen wieder über sie kommen und ihnen Erlösung und Heilung bringen würde. Aber was tat Jesus? Er brach plötzlich bewusstlos zusammen, als ob er tot wäre. Doch seine Seele löste sich von seinem physischen Körper und stieg zu den geistigen Welten auf. Die Leute waren schockiert. Sie dachten, der junge Priester sei tot umgefallen, und entflohen in alle Richtungen. Jesus selbst aber durfte im Geiste bis in das Sonnenreich aufsteigen. Dort hörte er Worte, ähnlich wie die, die er früher von der Bath-Kol vernommen hatte. Gewichtige, eindrucksvolle Worte waren es, die kaum in unsere menschliche Sprache übertragbar sind. In menschliche Sprache übersetzt vernahm er folgende Worte:

Amen
Es walten die Übel
Zeugen sich lösender Ichheit
Von andern erschuldete Selbstheitschuld
Erlebet im täglichen Brote
In dem nicht waltet der Himmel Wille
Da der Mensch sich schied von Eurem Reich
Und vergaß Euren Namen
Ihr Väter in den Himmeln.

Jesus brachte diese Worte mit, als seine Seele in seinen Körper zurückkehrte. Dieses Gebet wird das „umgekehrte Vaterunser" genannt. Es berichtet von den Folgen des Sündenfalls, wie der Mensch die geistige Welt verließ, sich von ihr trennte und sie sogar vergaß. Es ist folglich eine Beschreibung des Weges des Abstiegs, den die Menschheit bis dahin durchlaufen hatte. Das war es auch, was Jesus so tief berührt hatte: Die Erkenntnis, dass sich die Menschen völlig von der geistigen Welt gelöst hatten und zur Beute von Luzifer und Ahriman geworden waren. Rudolf Steiner sagt uns, dass das Wort „Amen" eine Abwandlung eines Wortes aus den Mysterien ist. Wahrscheinlich geht es dabei um das Wort „aum", wie es im Hinduismus verwendet wird.[69]
Später gab Jesus Christus dieses Gebet, als er darum gebeten wurde, seinen Jüngern in umgekehrter Form.[70] So wurde dieses Gebet auch bekannt – als das Vaterunser. Wenn ein Mensch dieses Gebet in dieser (neuen) Form spricht, kann er sich dadurch wieder mit der geistigen Welt verbinden. Wenn er diese Worte immer wieder mit Hingabe und Ehrfurcht betet, lässt er den Pfad des Abstiegs los und beginnt den Pfad des Aufstiegs.

13.

Jesus und die Essener

Die Essener

Nach diesen tiefgreifenden Erfahrungen kam Jesus allmählich in engeren Kontakt mit den Essenern. Sie bildeten in Israel die dritte Gruppe der Eingeweihten, neben den Pharisäern und den Sadduzäern. In der Bibel werden sie nur am Rande und nie namentlich erwähnt, weil sie meist im Verborgenen wirkten und lebten. Es gab zu jener Zeit etwa 5.000 Essener in Israel, eine ganz stattliche Anzahl also.[71]

Die Essener betrachteten Jesus als ein externes Mitglied ihrer Gemeinschaft und teilten ihre Geheimnisse mit ihm. Das war etwas ganz Besonderes und sogar Einzigartiges: Normalerweise musste ein Jünger durch eine harte Probezeit gehen, bevor er in die Gemeinschaft der Essener aufgenommen wurde. Doch die Essener erkannten die tiefe Weisheit, die Jesus besaß, und betrachteten ihn als einen der größten Eingeweihten. Deshalb akzeptierten sie ihn als Ihresgleichen – wenn nicht sogar mehr als das – und behandelten ihn voller Respekt. Sie unterstützten ihn auch, wo sie nur konnten. Viele der Geheimnisse, die ihm die Essener im Laufe der Zeit offenbarten, waren Jesus schon vorher bekannt geworden, weil er sie von der Bath-Kol gehört hatte. So begann in der Begegnung mit den Essenern der dritte Abschnitt des Ausbildungsweges, der ihn auf die Taufe vorbereitete.

Jesus kannte die Essener von klein auf. Sie hatten eine Siedlung in Nazareth, die sie wahrscheinlich durch Schenkung erhalten hatten. So war er schon als Kind dort, in dem Dorf, in dem er aufwuchs, mit den Essenern vertraut geworden. Sie wurden vom Volk auch „die Weißen Brüder" genannt, nach der Farbe ihrer Gewänder. Neben dem Studium, der Meditation und der Kontemplation waren sie auch als Ärzte tätig und aus diesem Grund bei den Menschen sehr beliebt.

Das einfache Volk wird geopfert

Was Jesus an einem Punkt in seinem Umgang mit den Essenern schmerzlich traf, war die Tatsache, dass sie offenbar auf ihren eigenen Vorteil aus waren – zwar unabsichtlich, aber dennoch. Ein bezeichnendes Beispiel hierfür ist das Folgende: Die Essener durften nicht durch Tore (in einer Siedlung, einer Stadt oder einem Dorf) gehen, die bemalt und mit Schnitzereien verziert waren. Deshalb wurden für sie an verschiedenen Orten spezielle Essener-Tore ohne jegliche Malereien und Verzierungen gebaut.

An den speziellen Toren, die den Zugang zu ihren eigenen Siedlungen bildeten, erlebte Jesus etwas Besonderes. Er sah, wie Luzifer, Ahriman und ihre Anhänger – eine Schar von Dämonen – an diesen Toren gestoppt wurden und nicht eintreten konnten. Das lag daran, dass die Reinheit und Sauberkeit, nach der die Essener strebten, und ihre heiligen Erkenntnisse eine so starke geistige Kraft bildeten, dass die Dämonen dadurch an den Pforten der Essener zurückgehalten wurden. Es war aber nicht diese Beobachtung, die Jesus so schockierte. Es war vor allem das, was er unmittelbar darauf beobachten konnte, dass nämlich die Dämonen daraufhin aus den Toren der Essener flohen und sich umso heftiger und eifriger auf die einfachen Menschen stürzten. Sie, die einfachen Leute, wurden so zum Opfer der Reinheit und Sauberkeit der Essener.

Über diese Beobachtung musste Jesus lange und gründlich nachdenken. Es berührte ihn zutiefst, dass die Essener ihren geistigen Fortschritt im Grunde dem einfachen Volk verdankten, das deshalb umso stärker von den Dämonen angegriffen wurde. Ist dies möglich und erlaubt? Das war die Frage, die im Herzen Jesu immer stärker nach oben drängte.

Die Begegnung mit Buddha

Zu jener Zeit empfing Jesus aufschlussreiche hellseherische Visionen, entweder in der Gemeinschaft der Essener selbst, wenn er bei ihnen zu Gast war, oder nach einem Besuch bei den Essenern, wenn er wieder nach Hause zurückkehrte und über das meditierte, was er bei den Gesprächen mit ihnen erlebt hatte. Zum Beispiel hatte er einmal eine Vision, in der ihm Buddha so klar und deutlich erschien, als wäre er tatsächlich anwesend. Dabei führten Buddha und Jesus ein tiefgreifendes, substanzielles Gespräch, das bei Jesus einen bleibenden Eindruck hinterließ.

Buddha sagte zu Jesus im Geiste, dass er nun eine andere Ansicht von dem habe, was er selbst früher auf Erden gelehrt hatte. „Wenn meine Lehre“, so sagte er, „so, wie ich sie gelehrt habe, völlig in Erfüllung gehen würde, dann müssten alle Menschen den Essenern gleich werden. Das aber kann nicht sein. Das war der Irrtum in meiner Lehre. Auch die Essener können sich nur weiter fortbringen, indem sie sich aussondern von der übrigen Menschheit; für sie müssen übrige Menschenseelen da sein. Durch die Erfüllung meiner Lehre müssten lauter Essener entstehen. Das aber kann nicht sein.“[72] Dieses besondere Gespräch mit Buddha bestätigte die Erkenntnis, die in Jesus als Verdacht aufgekommen war. Was die Essener taten, war nicht richtig, denn ihre Lebensweise war im Grunde genommen egoistisch. Ihre persönliche Weiterentwicklung ging auf Kosten anderer Menschen, die dadurch besonders stark leiden mussten. Doch unsere geistige Entwicklung darf nicht auf Kosten anderer gehen, so erkannte Jesus.

Seine Begegnung mit Johannes dem Täufer

Zur gleichen Zeit verstärkte sich der Kontakt zu seinem Cousin Johannes, dem Täufer, immer mehr. Auch Johannes stand in engem Kontakt mit den Essenern, ohne Mitglied des Ordens zu sein. Er war sozusagen als Laienbruder in ihrer Gemeinschaft. Er kleidete sich wie die Essener, denn auch sie trugen im Winter Kleidung aus Kamelhaar, wie die Bibel über Johannes berichtet.[73] Eines Tages hatte Jesus von Nazareth, während er sich mit Johannes unterhielt, ein außergewöhnliches Erlebnis: Er sah, wie sich die physische Gestalt des Johannes gleichsam auflöste und an ihrer Stelle die Gestalt des Elias erschien. Diese Vision machte einen tiefen Eindruck auf Jesus, denn er erkannte sofort, was das bedeutete, dass nämlich Johannes eine Reinkarnation des Elias war.[74]

Nun war ihm bekannt, dass in Elias, dem großen Propheten, der jüdische Volksgeist gewirkt hatte. Diese Erkenntnis hatte er auch mit den Essenern geteilt.[75] Aus dieser Erkenntnis heraus erkannte er in jener besonderen Vision während des Gesprächs mit Johannes, dass der Volksgeist Israels durch seinen Cousin wirkte, und dass Johannes und er selbst in ihren Begegnungen und Gesprächen von diesem Geist beseelt und geleitet wurden. Aus diesem Grund konnte Jesus Christus später in einem Gespräch mit seinen Jüngern sagen, dass Johannes der Täufer eine Inkarnation des großen Propheten Elias war: „Er ist Elia, der da soll zukünftig sein.“[76] Die Bibel berichtet, dass Jesus dieses Gespräch mit den bedeutungsschweren Worten abschloss: „Wer Ohren hat zu hören, der höre!“ Wann immer diese Worte in der Bibel verwendet werden, ist dies ein Hinweis darauf, dass in diesem Moment geheime, esoterische Erkenntnisse mitgeteilt werden. Weil Jesus die Geheimnisse von Johannes dem Täufer erfahren hatte, konnte er sich später bei der Taufe im Jordan ganz vertrauensvoll dessen Führung anvertrauen – so war es vom Volksgeist Israels vorgesehen.

Ein Rückblick

Zu jener Zeit begann Jesus auch, öfter auf das Leben zurückzublicken, das hinter ihm lag. Als Erstes fiel ihm die große Veränderung auf, die er mit zwölf Jahren durchgemacht hatte. Bis zu jenem Zeitpunkt war er ein ruhiges, verträumtes Kind gewesen. Ein Kind, das alles und jeden mit seiner Wärme umhüllte. Ein Kind, das vor allem in der Natur die Größe und Göttlichkeit des Lebens erfahren hatte. Ein Kind, das in direkter Verbindung mit der geistigen Welt stand und mit Engeln, Naturgeistern und dem heiligen Sonnenlicht vertraut war, in dem es das himmlische Spiel der Engel erlebte. Aber für die Entwicklung menschlicher Weisheit, für das, was die Schriftgelehrten zu sagen hatten, und für jegliche Form der Bildung hatte es überhaupt kein Interesse gehabt.

Doch nach dem Besuch des Tempels in Jerusalem, in seinem zwölften Lebensjahr, war alles anders. Es war, als ob eine andere, höhere Weisheit in ihn eingedrungen war, die ihn nach der alten jüdischen Weisheit sehnen ließ, über die die Schriftgelehrten so oft sprachen, und die er mit ihnen teilen konnte. Wie diese Weisheit zu ihm herabgekommen war, begann er immer mehr zu begreifen, als er älter wurde. Sie war ein Geschenk des anderen Jesus gewesen, der ganz kurz nach ihrer Reise nach Jerusalem gestorben war. Im Rückblick sah er auch, was er – nach seinem zwölften Lebensjahr – in seinen Gesprächen mit den Schriftgelehrten und Pharisäern über den „Großen Geist" oder „die Stimme" und die kleinere Stimme, die Bath-Kol, gelernt hatte. Jedes Mal wieder, wenn er darüber nachdachte, durchströmte eine traurige Stimmung seine Seele. Wie sollte es mit den Menschen weitergehen, jetzt, wo selbst die Bath-Kol ihnen keine Führung mehr durch die Eingeweihten und Propheten geben konnte?

Auch seine vielen Auslandsreisen und die Heiligtümer, die er dort besucht hatte, kamen ihm wieder in den Sinn; wie die Menschen von den Priestern im Stich gelassen und zur Beute der Dämonen geworden waren. Außerdem dachte er an das zurück, was er später im Umgang mit den Essenern erlebt hatte. Vor allem aber dachte er regelmäßig über seine besondere Begegnung im Geiste mit Buddha nach und darüber, was Buddha ihn über die Essener gelehrt hatte, dass ihre Lebensweise nämlich ungewollt egoistische Aspekte aufwies. Je mehr er über all diese Dinge nachdachte, desto stärker wurde das Gefühl der Traurigkeit und des Kummers. Diese Traurigkeit kam von seiner Liebe zu den Menschen. Es hatte ihn allmählich schweigsam und still gemacht. Wenn die Weisheit in einer menschlichen Seele zunimmt, nimmt auch die Traurigkeit über die mangelnde Bewusstheit der Menschen zu.

Immer öfter musste er daran denken, wie er vor seinem zwölften Lebensjahr gewesen war: So offen und unbefangen, verspielt und mit einem liebevollen, direkten Draht zu anderen Menschen. Und jetzt? Jetzt litt er in erster Linie unter all dem, was er gesehen hatte – ein Kummer, den er mit niemandem teilen konnte. Die einzige Person, der er jemals etwas erzählte, war seine Mutter Maria. Sie hatten eine starke, tiefe Bindung. Doch ihr erzählte er zunächst vor allem von der alten jüdischen Tradition und davon, wie groß die Weisheit der alten Propheten wie Elias gewesen war. Von seiner zunehmenden Traurigkeit erzählte er ihr jedoch nichts – aus Angst, sie würde es nicht verstehen.

14.

Ein entscheidendes Gespräch

Ein besonderes Gespräch mit Maria

Eines Tages, als Jesus dreißig Jahre alt war, hatte er ein tiefgründiges Gespräch mit seiner Mutter. Darin äußerte er sich mehr und umfassender, als er es je zuvor getan hatte. Maria liebte ihn sehr, und ihre Beziehung war im Laufe der Jahre immer intimer, vertrauensvoller und offener geworden.[77] Doch in jenem Gespräch begann er, mit ihr über seine Traurigkeit und seine Einsamkeit zu sprechen – innere Erfahrungen, die er nie zuvor mit jemandem geteilt hatte.

Was Jesus ihr sagte, war somit auch neu für Maria. Sie hatte lediglich miterlebt, wie er immer weiser wurde und immer tiefere Einsichten gewann. Sie hatte diese wachsende Weisheit mit stillem Erstaunen von seinem Gesicht abgelesen. Dennoch verstand sie sofort, was er meinte, als er ihr von seiner Traurigkeit und Einsamkeit erzählte. Ihre Liebe zu ihm ließ sie sofort verstehen, was er ihr klarmachen wollte. Deshalb versuchte sie ihn zu trösten und erzählte ihm, wie glücklich sie selbst durch all die Erkenntnisse geworden war, die er ihr vermittelt hatte. Vor allem auch, sagte sie, wegen der Dinge, die er ihr über die alte jüdische Weisheit erzählt hatte. Das hatte ihre Seele so bereichert. Deshalb könne diese Weisheit – so sagte sie – auch für andere Menschen wichtig sein, und es sei wohl seine Aufgabe, diese alte Weisheit wiederzubeleben.

Jesus jedoch erwiderte ihr, dass es keine Menschen mehr gäbe, die diese alte Weisheit noch wirklich verstehen und in sich aufnehmen konnten. Es war eigentlich schon ganz außergewöhnlich, dass Maria diese Weisheit zu verstehen und in ihre Seele aufzunehmen vermochte. Doch, so sagte er dann zu Maria: „Es sind ja nicht die Menschen da, die Ohren haben zu hören." Selbst wenn Mose, Abraham und Elias zurückkehren und dem Volk ihre Weisheit verkünden würden, würde diese ungehört im Winde verhallen. Einfach, weil die Menschen es nicht mehr verstehen können. „Und", fügte Jesus hinzu, „so ist ja alles, was ich in meiner Seele halte, wertlos." Die Menschen können keinen Sinn darin erkennen.

Seine Mutter hörte ihm ruhig zu, auch als er sagte, dass die Weisheit, die ihre Seele so bereichert hatte, in Wirklichkeit wertlos sei, weil die Menschen sie nicht mehr begreifen konnten. Sie liebte Jesus so sehr, und ihre unendliche Liebe zu ihm ließ sie verstehen, was er ihr eigentlich sagen wollte: Dass er sich so sehr um die Menschen sorgte, die den Kontakt zur geistigen Welt immer mehr verloren und hoffnungslos schienen, weil selbst die alte Weisheit ihnen nicht mehr helfen und sie nicht mehr erreichen konnte.

Die Weisheit Zarathustras

Jesus erzählte Maria dann ausführlich von den heidnischen Opferstätten, die er besucht, und was er dort erlebt hatte, wie Priester geflohen waren und die Dämonen ihren Platz eingenommen hatten. Doch während jenes Gesprächs passierte auf einmal etwas Besonderes: Es war, als würde die ganze uralte Weisheit Zarathustras – die das Geschenk des anderen Jesus gewesen war – in ihm zu leuchten beginnen. Die ganze Schönheit und Erhabenheit jener jahrhundertealten Weisheit stieg in seiner Seele empor, stand in all ihrer Erhabenheit vor ihm und wurde ihm voll und ganz bewusst. Es war, als ob er die Weisheit, die der andere Jesus in seiner Seele hinterlegt hatte, jetzt erst vollständig ergründen und bewusst in sich aufnehmen konnte. Voller Freude teilte er diese mit seiner Mutter.

Doch während er redete, wurde ihm immer klarer, dass die Menschen nicht einmal mehr diese alte Weisheit verstehen konnten – ihre Seele war dafür nicht mehr empfänglich. Sie konnten die alte jüdische Weisheit nicht mehr verstehen, nicht einmal mehr die Weisheit Zarathustras, die ihnen unverständlich erschien. Er sagte zu Maria: „Wenn auch erneuert würden alle die alten Mysterien und Kulte, (...) es sind, dies zu vernehmen, die Menschen nicht mehr da! All das ist nutzlos. (...) Heute sind die Menschen nicht da, die dies verstehen würden. (...) Die Menschen haben aufgehört, hören zu können auf dasjenige, was einstmals verkündet und gehört worden ist."

Die Weisheit der Essener

Dann sprach er mit seiner Mutter über die Essener. Diese seien noch imstande, sich mit der alten, höheren Weisheit zu verbinden, sowohl mit der alten jüdischen Weisheit als auch mit der heidnischen Weisheit. Sie konnten dies tun, indem sie strenge Askese in Reinheit, Wahrheit und Aufrichtigkeit praktizierten. Auf diese Weise konnten sie noch eine Verbindung zur geistigen Welt herstellen und zu Eingeweihten werden, die noch Wissen besaßen. Das war ganz außergewöhnlich zu einer Zeit, da die große Mehrheit der anderen Eingeweihten diese Verbindung völlig verloren hatte. Doch die Essener konnten ihr Wissen und ihre Weisheit, so sagte er zu Maria, nur auf Kosten anderer Menschen erlangen.

Um zu verdeutlichen, was er damit meinte, erzählte er ihr dann, wie er Luzifer, Ahriman und ihre Dämonen an den speziellen Toren der Essener gesehen hatte. Wie die Dämonen dort gestoppt wurden, als würden sie gegen eine Wand laufen, eine geistige Wand. Deshalb konnten sie die Essener nicht erreichen. Er erzählte, wie sie sich daraufhin umso gieriger auf das gemeine Volk stürzten, das so zum Opfer des Strebens der Essener nach Reinheit und Sauberkeit wurde. Dies, so sagte er zu Maria, dürfe nicht länger geschehen, eine Erkenntnis, die ihm auch Buddha bestätigt hatte.

Wie sich die Seele von Maria veränderte

Während dieses Gesprächs geschah nicht nur viel mit Jesus, sondern auch mit Maria, seiner Mutter (Sie war eigentlich seine Stiefmutter. Sie hatte Joseph, den Zimmermann, nach dem Tod des Joseph aus königlicher Abstammung geheiratet, weil die junge Frau des Zimmermanns früh gestorben war, kurz nachdem die beiden Familien vom Passahfest in Jerusalem zurückgekehrt waren). Während dieses Gesprächs war Maria sozusagen eins mit ihrem (Stief-)Sohn. Es war für sie, als ob Jesus all seine Weisheit und alles, was in seinem Herzen und seiner Seele lebte, Schritt für Schritt in ihr Herz und ihre Seele hineinlegte. Es fühlte sich für sie sogar so an, als ob Jesus sein eigenes Wesen in sie hineinversenkt hätte.

Als sie in den folgenden Tagen über all das nachdachte, was sie erfahren hatte, schien es ihr, als sei sie während dieses Gesprächs ein neuer, ein anderer Mensch geworden. Sie spürte es, ohne es benennen zu können. Außerdem hatte sie das Gefühl, dass die Veränderung immer noch andauerte, als hätte dieses Gespräch einen entscheidenden Veränderungsprozess in Gang gesetzt. Voller Staunen, aber auch voller Mitgefühl reflektierte sie über die Einsichten, vor allem aber über die Gefühle, die Jesus ausgesprochen hatte, und die sie noch immer in ihrem Herzen widerhallen hörte. Wie konnte es geschehen, dass sie sich während dieses Gesprächs so sehr verändert hatte? Es lag daran, dass sie durch ihre Liebe zu Jesus seinen ganzen Kummer und seine ganze Einsamkeit in sich aufgesogen hatte: Sein Leid wurde ihr Leid. Aber durch dieses Opfer, das Leid Jesu mitzutragen, konnte auch die Weisheit, die in ihm lebte, auf sie übergehen. Es war, als ob diese Weisheit in ihrer Seele immer mächtiger wurde und zu ihr zu sprechen begann. So veränderte sich ihre Seele, und sie war eine neue Persönlichkeit geworden.[78]

Jesus auf dem Weg zur Taufe im Jordan

Auch mit Jesus geschah während dieses so entscheidenden Gesprächs mit seiner Mutter eine Menge. All der Schmerz und das Leid über den drohenden Untergang der Menschheit, die er jahrelang als unerträgliche Last im Stillen getragen hatte, strömten aus ihm heraus. Maria nahm sie in ihre Seele auf. So wurde sie zum ersten Mal zur „Mater Dolorosa“, zur leidenden Mutter. Aber es geschah auch noch etwas anderes: Das Ich oder der Geist des anderen Jesus – der Geist Zarathustras – der seit seinem zwölften Lebensjahr in ihm lebte, begann sich allmählich von ihm zu lösen, um in die geistige Welt aufzusteigen.[79] Das veränderte Jesus. Seine Brüder und Schwestern dachten sogar, er hätte den Verstand verloren. „Wie schade“, sagten sie, „er wusste so viel (…) Jetzt aber ist er völlig von Sinnen gekommen, jetzt hat er den Verstand verloren!“

Jesus ging in der Tat auch tagelang wie traumhaft im Hause umher, fast wie ein Zombie; und je mehr das Ich des anderen Jesus ihn verließ, desto schlimmer wurde es mit ihm. Schließlich spürte er den inneren Drang, zu seinem Cousin Johannes zu gehen, um von ihm die Taufe zu empfangen. Doch auf dem Weg zum Jordan erlebte er etwas Besonderes. Es war, als sei das sensible, träumende Naturkind, das er vor seinem zwölften Lebensjahr gewesen war, wieder in ihn zurückgekehrt und in ihm erneut lebendig geworden. Nur, so spürte er, war sein Gefühlsleben in den letzten Jahren unendlich viel tiefer und intensiver geworden. Er spürte auch, wie er irgendwie offen geworden war für unendlich hohe Welten, für den ganzen Kosmos.

So war nun endlich der eine Mensch entstanden, der völlig rein und geistig stark war, der aber auch genügend irdische Kraft besaß, um die göttliche Kraft des Christus in sich aufzunehmen und zu tragen. Mit anderen Worten: Jesus war endlich bereit, der Träger des Christus zu werden, und der Christus konnte sich bei der Taufe durch Johannes den Täufer im Jordan in ihm inkarnieren.

Die Taufe Jesu im Jordan ist seine Empfängnis

So konnte es geschehen, dass der Christus bei der Taufe im Jordan in die drei Körper Jesu hinabstieg, die für ihn vorbereitet worden waren: In den Astralleib, den Ätherleib und den physischen Körper Jesu. Während des Untertauchens durch Johannes trat das Ich des Christus in die drei Körper des inzwischen ich-los gewordenen Jesus ein.

Wir können uns dieses Ereignis nicht gewaltig genug vorstellen, denn bei der Taufe im Jordan stieg die göttliche Liebe selbst auf die Erde herab und verkörperte sich in einem Menschen. Diese Liebe ist es, die sich in den Herzen aller Menschen, die dafür offen sind, in Zukunft entfalten wird, und zwar durch alle möglichen Prüfungen hindurch. Es ist daher auch verständlich, dass alle vier Evangelien die Taufe beschreiben – so entscheidend war dieses Ereignis.

In der ursprünglichen Fassung des Lukas-Evangeliums heißt es, dass bei der Taufe Jesu im Jordan eine Stimme vom Himmel ertönte, die sagte: „Du bist mein lieber Sohn, heute habe ich dich gezeugt.“[80] Lukas wusste noch, dass es der Christus war, der sich bei der Taufe im Jordan im Menschen Jesus verkörpert hatte, und dass der Christus nun gezeugt war. Aber als dieses Mysterium in Vergessenheit geriet, musste auch dieser Text weichen.[81]

Rudolf Steiner vergleicht die Taufe im Jordan mit der Empfängnis oder Zeugung eines Menschenkindes: „So ist das Leben Christi vom Untertauchen im Jordan bis zum Mysterium von Golgatha mit dem Leben zu vergleichen, das der menschliche Keim im Leib der Mutter durchläuft."[82] Das bedeutet, dass der Christus auf der Erde erst wirklich geboren wurde, als Jesus Christus am Kreuz starb. Dann wurde der Christus endlich im Körper Jesu in eine irdische Kraft verwandelt – und er wurde Mensch. Seit der Geburt Christi in Jesus nennen wir ihn Jesus Christus (oder Christus Jesus). Die beiden sind eins geworden, ein Gott ist auf die Erde herabgekommen und Mensch geworden.

Das Mysterium der beiden Marias

Aber in demselben Moment, während der Taufe Jesu im Jordan, geschah auch im Stillen etwas Großes mit Maria. Sie spürte, dass sie plötzlich von der Seele der früh verstorbenen Maria durchdrungen wurde. Einst hatten beide Familien gemeinsam in Nazareth gelebt. Sie, die Frau des Josephs königlicher Abstammung, und die andere Maria, die junge Frau des Zimmermanns Joseph. Diese Maria war jedoch (wie wir wissen) früh gestorben, nicht lange nach ihrem Besuch im Tempel in Jerusalem, als die beiden Jesuskinder zwölf Jahre alt waren. So wie der Geist Christi bei seiner Taufe auf Jesus herabgestiegen war, so stieg der Geist dieser jungen und so früh verstorbenen Maria im selben Moment auf Maria herab und wurde eins mit ihr. Seitdem fühlte sie sich wie diese junge Maria. Dank dieser Vereinigung war Maria stark genug geworden, um auch das kommende Leiden Jesu Christi mitzutragen. Sie stand drei Jahre später am Fuße des Kreuzes, trug den toten Körper Jesu Christi in ihren Armen und verstand – ja, sie verstand, warum das alles geschehen musste.

Es war die stille Kraft der anderen Maria, die durch sie wirkte, die Maria in die Lage versetzte, drei Jahre später am Fuß des Kreuzes zu stehen und zum zweiten Mal zur „Mater Dororosa“, zur leidenden Mutter, zu werden. Eine ausführliche Beschreibung dieses Geheimnisses der Einswerdung der beiden Marias – die im Rahmen dieses Buches zu viel Platz einnehmen würde – findet sich in meinem Buch „Das Geheimnis der beiden Jesuskinder“.[83]

Teil IV

DIE MYSTERIEN JESU CHRISTI

15.

Die Begegnung mit Luzifer und Ahriman

Seine Seele funkelte wieder

Nach der Taufe im Jordan fühlte sich Jesus Christus anders, als er sich seit Jahren gefühlt hatte. Die Traurigkeit und Einsamkeit schienen wie weggefegt, und die Aufgeschlossenheit und Spontaneität, die er schon als Zwölfjähriger gekannt hatte, schienen auf neue Weise zurückgekehrt zu sein. „Die Traurigkeit war gewichen; Jesus fühlte sich wieder mit dem Ursprung des Seins verbunden. Wieder funkelte es in seiner Seele.“[84]

Die Verwandlung Jesu – ein allmählicher Prozess

Drei Jahre lang lebte und wirkte Jesus Christus in Palästina – drei Jahre, in welchen sich der Christus immer mehr und immer tiefer mit dem physischen Körper Jesu verband. Wir haben bereits gesehen, wie sich der Christus in Lemuria und Atlantis dreimal mit einem Erzengel verbunden hatte. Beim ersten Mal (in Lemuria) lag der Fokus auf der Verbindung mit dem Ich, beim zweiten Mal (zu Beginn von Atlantis) auf der Verbindung mit dem Astralleib und beim dritten Mal (gegen Ende von Atlantis) auf der Verbindung mit dem Ätherleib eines Erzengels. Dieser Erzengel war kein anderer als der spätere Jesus von Nazareth. Auch er war, wie wir bereits festgestellt haben, aus der geistigen Welt herabgestiegen und hatte sich zuerst „entäußert“, um ein „gewöhnlicher“ Engel zu werden. Dann hatte er sich „entäußert“, um Mensch werden zu können. Auf diese Weise konnte er auch jetzt dem Christus erneut beistehen, diesmal auf der Erde selbst.

Jetzt, beim vierten Opfer Christi, bezog sich die Verbindung des Christus zu Jesus in erster Linie auf dessen physischen Körper. Nun musste der physische Leib des Menschen gereinigt werden. Wie das geschah, werden wir in späteren Kapiteln erfahren.

Am Anfang, kurz nach der Taufe, konnten Hellsichtige noch eine diffuse Wolke wahrnehmen, die Jesus Christus umhüllte. Diese Wolke bestand aus den Christus-Energien: Der Christus konnte sich nämlich nicht auf einmal, im Ganzen, mit dem physischen Leib von Jesus verbinden – das geschah ganz allmählich, Schritt für Schritt. Deshalb schwebte zu Beginn ein Teil der Christus-Energie wie eine diffuse, neblige Wolke um Jesus Christus herum.

Warum war das so? Weil der Christus drei Jahre brauchte, um bis in alle Zellen des physischen Leibes Jesu einzudringen und ihn zu verwandeln. Rudolf Steiner berichtet uns, dass erst nach drei Jahren – und das war, als Jesus Christus am Kreuz hing – der allerletzte Rest seines physischen Leibes „verchristlicht", das heißt, von den Christus-Energien durchdrungen und dadurch transformiert wurde. Dieser letzte Rest war das Mark seiner Knochen – erst am Kreuz wurde auch das „verchristlicht".

Die Heldentaten Jesu Christi

Wie wir bereits gesehen haben, müssen wir auch hierbei lernen, in Begriffen der Entwicklung zu denken. Alles auf Erden unterliegt dem Wachstum und der Entwicklung, einschließlich der Menschwerdung Christi. Sie vollzog sich nicht in einem Mal, sondern über einen Zeitraum von drei Jahren hinweg. Bei der Taufe im Jordan begann es.

Dort vereinigte sich der Christus mit Jesus und verkörperte sich in ihm. Als er drei Jahre später am Kreuz hing, hatte er schließlich den gesamten physischen Körper Jesu zu seinem eigenen gemacht. Der Christus-Geist war in jede Zelle eingedrungen. Erst dann, nach drei Jahren, war die Menschwerdung Christi vollzogen.

Wenn man lernt, die drei Jahre, in welchen der Christus als Mensch auf Erden gelebt hat, aus dieser Perspektive zu betrachten, wird schon klar, dass es nicht so sehr darum geht, was Jesus Christus in jenen Jahren gesagt hat, sondern vielmehr darum, was er getan hat: Wie er in jenen drei Jahren Schritt für Schritt seinen Körper umgestaltet und verchristlicht hat. Sein Tod am Kreuz war die hohe Einweihung, die diese Transformation besiegelte, und durch die ein neuer, transformierter geistiger Körper geboren wurde. (Eigentlich so, wie ein Schmetterling aus der Raupe schlüpft.) Dieser Körper wird der „Auferstehungsleib" genannt.

In die Einsamkeit geführt

Der Christus hatte, als er aus der hohen geistigen Welt auf die Erde herabstieg, alles aufgegeben, was ihn zuvor mit dieser Welt verbunden hatte: Er hatte sich „entäußert" und war nun, durch seine Verbindung mit Jesus, endgültig auf der Erde angekommen. Wie wir gesehen haben, hat er sich hierzu mit den drei Körpern Jesu bekleidet: Mit dem Astralleib (der die Seele des Menschen enthält), dem Ätherleib (dem Lebensleib, der dem physischen Körper Leben einhaucht) und dem physischen Leib. Nun hatten sich in den Astralleib Jesu am heftigsten Bilder von Luzifer und Ahriman eingegraben, denn Jesus hatte ja so sehr gelitten, als er die luziferischen und ahrimanischen Dämonen auf den heidnischen Altären im Ausland tanzen sah. Er hatte auch sehr gelitten, als er, ohne etwas tun zu können, mit ansehen musste, wie all diese Dämonen am Tor der Essener aufgehalten wurden und wie sie sich deshalb auf die anderen, gewöhnlichen Leute stürzten.

Deshalb wurde die Aufmerksamkeit Christi, als er sich mit den drei Körpern Jesu vereinigte, aufgrund seiner starken Gefühle zuerst auf Luzifer und Ahriman gelenkt, die er im Astralleib Jesu vorfand. Er erkannte: „Das sind die geistigen Wesen, mit denen die Menschen auf Erden zu kämpfen haben."[85] Deshalb war die erste Handlung Christi, als er auf Erden angekommen war und sich in Jesus verkörpert hatte, den Kampf mit Luzifer und Ahriman aufzunehmen.

So kam es, dass Jesus Christus unmittelbar nach der Taufe im Jordan wie selbstverständlich in die Wüste, also in die Einsamkeit, geführt wurde. Die Bibel beschreibt dieses Ereignis deutlich und nennt es „die Versuchung in der Wüste".[86] Das griechische Wort „eremos" bedeutet „einsam" oder „Wüste". (Das Wort Eremit – ein Einsiedler – ist von diesem Wort abgeleitet.) Man kann also genauso mit Recht sagen, dass Jesus Christus in die Einsamkeit geführt wurde, als er in die Wüste geschickt wurde.

Es ist auffällig, dass dieser geistige Kampf mit Luzifer und Ahriman in drei der vier Evangelien beschrieben wird – offensichtlich handelt es sich um eine wichtige Geschichte. Es ist nämlich so – und das sagt natürlich alles – dass der Christus nach seiner Geburt auf Erden zuerst einmal Luzifer und Ahriman ins Visier nimmt. Warum? Weil Luzifer und Ahriman im Stillen in unseren geistigen Körpern agieren. Luzifer beeinflusst in erster Linie unsere Gefühle und Emotionen und verbindet sich mit unserem Astralleib (Von dort aus wirkt er natürlich auch auf unsere anderen Körper ein: Auf den Ätherleib und sogar auf den physischen Leib. Doch seine Hauptzielscheibe ist der Astralleib). Ahriman verbindet sich mit unserem Ätherleib (und wirkt von dort aus auf unseren Astralleib und unseren physischen Körper ein). Jesus Christus wusste natürlich, dass jeder Mensch in seinem irdischen Leben durch die Prüfungen, Versuchungen und Verblendungen Luzifers und Ahrimans geht, mit welchen diese beiden uns von innen heraus (aus unserem Astral- und Ätherleib) konfrontieren. Aus diesem Grund entschied sich Jesus Christus auch, als Erstes selbst durch diese Prüfungen und Versuchungen zu gehen. Mensch zu werden bedeutete nämlich, selbst zu erleben, wie Luzifer und Ahriman auf die Menschen wirken. Deshalb suchte er nach der Taufe im Jordan die Stille, um sich auf das zu konzentrieren, was Luzifer und Ahriman ihm innerlich vorsagten.

Die erste Versuchung

Die Prüfungen oder Versuchungen kamen zuerst von Luzifer, dann von Luzifer und Ahriman gemeinsam, und schließlich von Ahriman allein. Dreimal versuchten sie, Jesus Christus zu verführen. Es war der Beginn eines dreijährigen Kampfes. Luzifer und Ahriman waren wild entschlossen, Jesus Christus in Versuchung zu führen und ihn von seiner hohen Mission abzuhalten. Sie wussten nämlich: Falls Jesus Christus in seiner hohen Mission erfolgreich sein sollte, würde der Mensch dadurch die Möglichkeit erhalten, sich wieder mit der geistigen Welt zu verbinden (aber nun auf eine neue Art und Weise). Falls das geschah, würden sich die Menschen allmählich der Herrschaft Luzifers und Ahrimans entziehen können, welchen sie zunehmend zu verfallen drohten. Das wollten die beiden natürlich um jeden Preis vermeiden.

Im Astralleib von Jesus begegnete der Christus zuerst Luzifer. Luzifer versucht, den Menschen durch falschen Stolz, Hochmut und „Selbstvergrößerung“ zu verführen. Aus diesem Grund versprach Luzifer Jesus Christus die höchsten und größten Geschenke, wenn er nur den guten Geistern, die er gerade in der geistigen Welt zurückgelassen hatte, abschwören und ihm, Luzifer, die Treue schwören würde;

denn er, Luzifer, sei es, der eine neue Welt erschaffen würde, in der der Mensch mit die Hauptrolle spielen werde. In diesem neuen Reich würde Christus als König herrschen dürfen, und Luzifer würde ihm alle Schönheit und alle Herrlichkeit verleihen, die es nur gibt.

Luzifer verstand es, diese Herrlichkeiten so verführerisch und so eindrucksvoll zu beschreiben, dass Jesus Christus sie sicherlich angenommen hätte, wenn auch nur ein winziges bisschen falscher Stolz in ihm gewesen wäre. Doch Jesus Christus besaß die Stärke, diese Versuchung zurückzuweisen.

Zwei weitere Versuchungen

Die zweite Versuchung kam von Luzifer und Ahriman zusammen. Luzifer wollte Jesus Christus wieder zum Stolz anstiften, während Ahriman an dem Gefühl der Angst arbeitete, das in jedem Menschen lebt, folglich auch in Jesus Christus. Luzifer forderte ihn auf: „Stürze dich hinunter von der Zinne! Wenn du mich anerkennst, werde ich die Folgen des Sturzes aufheben, und es wird dir nichts geschehen." Ahriman dagegen sprach: „Ich werde dich behüten vor der Furcht! Stürze dich hinunter!" Erneut versprachen sie ihm die Königsherrschaft über die neue Welt, die sie errichten würden, wenn er von der Mauer springen würde. Doch Jesus Christus fand die Kraft, dieser Versuchung noch einmal zu widerstehen. Rudolf Steiner erzählt: „Aber da sie beide auf ihn einstürmten und sich gleichsam in ihrem Drängen die Waage hielten, konnte er sich vor ihnen retten."[87]

Als die ersten beiden Versuche gescheitert waren, schickte Ahriman Luzifer weg, um noch einmal auf eigene Faust zu versuchen, Jesus Christus zu verführen. Mit diesen Worten startete er die letzte Attacke: „Wenn du dich göttlicher Kräfte rühmen willst [denn du bist ja ein Gott], dann mache die Steine [oder: das Mineralische] zu Brot!"

Doch Jesus Christus antwortete: „Die Menschen leben nicht von Brot allein, sondern von dem, was als Geistiges aus den geistigen Welten kommt." Da antwortete Ahriman: „Wohl magst du recht haben. Aber die Menschen hier auf Erden können sich nicht allein vom Geist ernähren; sie müssen dennoch Geld verdienen, um damit Brot zu kaufen und sich zu ernähren. Du weißt nur, was der Geist tut, der aus den Höhen auf die Erde heruntersteigt. Du warst aber noch nie vorher auf der menschlichen Welt, und deshalb weißt du nicht, wie es hier zugeht: Hier haben es die Menschen wahrhaftig nötig, Steine zu Brot zu machen. Wenn nicht, sterben sie."

Rudolf Steiner sagt, dass Ahriman hier etwas zum Ausdruck bringt, was der Christus noch nicht wissen konnte. Er war gerade aus der geistigen Welt gekommen und wusste in der Tat nicht, dass sich die Menschen hier anders ernähren müssen, mit Brot-Materie und nicht nur von geistigen Kräften. Und Ahriman machte dem Christus klar, dass er – der als Herrscher dieser Welt bezeichnet wird – dadurch die Menschen in der Gewalt habe und diese Gewalt auch uneingeschränkt gebrauchen werde! Rudolf Steiner sagt: „Dies ist die wirkliche Darstellung der Versuchungsgeschichte. Es war also ein Rest geblieben bei der Versuchung. Nicht endgültig waren die Fragen gelöst; wohl die Fragen Luzifers, aber nicht die Fragen Ahrimans."[88]

Die Menschheit wird also auch in Zukunft auf verschiedene Weise mit der Versuchung Ahrimans konfrontiert werden, die darin besteht, das Materielle als das Wichtigste zu sehen und das Geistige links liegen zu lassen. Es scheint, dass wir in der gegenwärtigen Zeit gerade solch eine Versuchung durchmachen.

16.

Was von Jesus Christus ausging

Jesus Christus beginnt, die Macht Ahrimans über die Menschen zu erkennen.

Nach der Taufe im Fluss Jordan und den Versuchungen in der Wüste wanderte Jesus Christus durch Palästina, das heutige Israel. Zunächst schwieg er – es ging so viel in seinem Inneren vor. Er hatte das Gefühl, dass er ein anderer Mensch geworden war und auf eine neue, andere Art und Weise im Leben stand. Das Schweigen nahm die Stelle des Redens ein – was er doch früher so gerne getan hatte. Außerdem hatte er das befremdliche Gefühl, mit den Menschen, die er doch eigentlich so gut kannte, nichts mehr gemeinsam zu haben, das Gefühl, nicht mehr mit ihnen verbunden zu sein, als ob sie ihm fremd wären.

Worauf er jetzt vor allem sein Augenmerk richtete, war die Art und Weise, wie die Menschen ihr Brot durch harte Arbeit verdienten. Er sah, dass sie Mineralisches zu Brot machen mussten. Deshalb verkehrte er auch besonders gerne mit Zöllnern und Sündern. Von ihnen wollte er erfahren, was genau dahinter steckte. Auch die vielen Menschen, die ihn so gut kannten und ihn liebten, weil er sie immer mit Liebe und Mitgefühl unterstützt hatte, merkten, dass er sich verändert hatte. Früher hatte er eine gewisse Schwermut und spürbare Betrübtheit ausgestrahlt. Doch nun leuchteten seine Augen, und sein Antlitz war von einem übernatürlichen Strahlen verklärt. Sie hatten sogar das Gefühl, dass von ihm so etwas wie eine Art Zauberkraft ausstrahlte. Aufgrund der neuen Geisteskraft, die von ihm ausging, geschah es wie von selbst, dass Kranke geheilt wurden, und Menschen, die von tiefem Leid gebeugt waren, sich auf wundersame Weise getröstet fühlten, wenn sie ihm begegneten.

Es geschah auch, dass alle möglichen von Dämonen besessenen Menschen geheilt wurden: Sobald solche Menschen in die Nähe von Jesus Christus kamen, flohen die Dämonen und verließen die Menschen, die sie so lange gequält hatten.

Nun begann Jesus Christus die Worte Ahrimans immer besser zu verstehen, dass nämlich die Menschen „Steine zu Brot machen“, also sich von Materie ernähren müssten. Vertrauen, Glaube und Hingabe waren nicht genug. Die Menschen brauchten auch Brot, umgewandelte Materie. Aus diesem Grund, so begann Jesus Christus zu entdecken, mussten sie sich sehr wohl auch mit der Welt der Materie verbinden – und zwar so intensiv, dass sie dadurch die Welt des Geistes zu vergessen schienen. Es wurde ihm auch immer deutlicher, wie tief die Menschen, die ja im Grunde geistige Wesen sind, in die Welt der Materie hinabgestiegen waren. Jetzt verstand er auch, warum Ahriman solche Macht über sie besaß, und wie der Materialismus sie in Ahrimans Arme getrieben hatte.

Drei Jahre später, als Judas, einer seiner Jünger, ihn für dreißig Silberlinge verriet, erlebte Jesus Christus noch einmal, wie viel Macht Ahriman über die Menschen hatte, sogar über seine eigenen Jünger. Er, Ahriman, war imstande, sogar seinen eigenen Jünger, Judas, durch Habsucht zu verführen. Das war möglich, weil Jesus Christus während der Versuchungen keine adäquate Antwort auf Ahrimans Frage nach der Verwandlung von Steinen zu Brot geben konnte.

Jesus Christus und seine Jünger waren einander sehr ähnlich

Diejenigen, die am meisten von der Ausstrahlung Jesu Christi berührt wurden, wurden seine Jünger. Sie wurden von ihm berufen. Bald folgte ihm eine ganze Schar von Menschen, Männer und Frauen. Durch die ansteckende Kraft des Geistes, die von ihm ausging, wurden sie automatisch zu anderen Menschen, beseelt von einem neuen Geist. Als Jesus Christus auf diese Weise gemeinsam mit seinen engsten Jüngern (die als „Apostel" bezeichnet wurden) umherwanderte, wurde ihm allmählich klar: „Ich habe den Menschen zu sagen, nicht [die alte Weisheit] wie die Götter den Weg herunterbahnten vom Geist zur Erde, sondern wie die Menschen hinauffinden können den Weg von der Erde zum Geist." Das war ein unerhörter Gedanke und völlig neu. Bisher hatte man immer gedacht und gesagt, dass die Götter zu den Menschen herabstiegen und die Menschen sich ihnen nur zu öffnen brauchten. Aber jetzt wurde dies zum ersten Mal umgedreht!

Jesus Christus hatte eine besondere Wirkung auf seine Jünger. Der Christus, der sich bei der Taufe im Jordan in ihm, Jesus, verkörpert hatte, war zunächst nur lose mit ihm verbunden. Deshalb konnte es vorkommen, dass der Christus gelegentlich den Körper Jesu verließ, um sich mit einem seiner Jünger zu verbinden. Dann sprach der Christus nicht durch Jesus, sondern durch einen seiner Jünger. Auf diese Weise begannen die Jünger und Jesus Christus einander immer ähnlicher zu werden: Sie wurden vom selben Geist bewegt. Deshalb fiel es den Menschen schwer zu erkennen, wer denn nun eigentlich Jesus Christus und wer seine Jünger waren – sie glichen einander so sehr.

Drei Jahre später, als die Pharisäer Jesus Christus gefangen nehmen wollten und Soldaten hinter ihm herschickten, war es für die Soldaten unmöglich zu unterscheiden, wen sie denn nun eigentlich gefangen nehmen sollten – die Jünger und Jesus Christus glichen einander nämlich so sehr. Deshalb vereinbarten die Pharisäer mit Judas, dass er mit den Soldaten gehen und Jesus Christus einen Kuss geben sollte, dann könnten die Soldaten denjenigen, den er küsste, gefangen nehmen. Judas konnte das tun, denn nur die Apostel selbst konnten Jesus Christus von seinen Jüngern unterscheiden, weil sie ihn sehr viel besser kannten als jeder andere.

Heilungen

Jesus Christus durchbrach alle sozialen Schranken. Er verkehrte mit Zöllnern – mit Steuerbeamten, die im Dienst der Römer standen. Das war nicht so einfach, denn Zöllner galten von Berufs wegen als unrein – und nach dem jüdischen Gesetz, der Thora, musste man unreine Menschen auf großen Abstand halten, sonst wurde man selbst auch unrein.

Außerdem behandelte Jesus Christus Frauen als gleichberechtigt und erlaubte ihnen, seine Jüngerinnen zu werden. Er pflegte sogar freundschaftlichen Umgang mit einer Prostituierten. Doch er behandelte auch Menschen, die krank oder besessen waren. Er hielt sie nicht von sich fern, obwohl sie nach dem jüdischen Gesetz unrein waren. Er erlaubte sogar, dass Kranke ihn berührten, was strengstens verboten war.

Womit er natürlich die Aufmerksamkeit vieler auf sich zog, war die Tatsache, dass Jesus Christus viele Kranke heilte: Er „vollzog Heilungen, die mit keiner Menschenkraft zu vollziehen sind“. Wie machte Jesus Christus das? Aus seiner eigenen göttlichen Kraft – aus seinem Ich-Bewusstsein heraus.[89] Aber das konnte Jesus Christus nur tun, wenn der Kranke ihm vertraute. Wenn nicht, konnte er nichts tun.

Im Laufe von drei Jahren (von seiner Taufe im Jordan bis zu seinem Tod am Kreuz auf Golgatha) machte der Christus sich „immer mehr und mehr ähnlich dem Leibe des Jesus, presste sich, zog sich immer mehr und mehr zusammen in irdische Verhältnisse hinein". So wurde ein göttliches Wesen ganz allmählich zum Menschen.

Die Initiation des Lazarus

Jesus Christus fungierte auch als Hierophant oder Einweihender. Die Arbeit der Hierophanten (in der Regel ein Priester oder Hohepriester) war geheim. Sie führten die Einweihungen ihrer Schüler in völliger Abgeschiedenheit im Tempel, in der Pyramide, in Höhlen in der Wildnis und an anderen heiligen Orten durch. Ihre Arbeit, das habe ich bereits erwähnt, musste geheim bleiben, und wenn der Schüler auch nur das Geringste über seine Ausbildung und seine Initiationen verriet, wurde er mit dem Tod bestraft.

Doch Jesus Christus weihte Lazarus in aller Öffentlichkeit ein, während jeder zuschauen konnte. Er weihte ihn in den sechsten Grad ein, bei dem sich der Schüler oder die Schülerin wie tot hinlegt, seine/ihre Seele und sein/ihr Geist jedoch für drei Tage in die geistige Welt aufsteigen kann, um dort dem göttlichen Lichtwesen zu begegnen.

Im Johannes-Evangelium wird dieses Ereignis in verschlüsselter Form beschrieben, so dass nur derjenige es verstehen kann, der etwas über die Initiationen weiß.[90] Dort wird erzählt, dass Lazarus, ein Freund Jesu, drei Tage lang todkrank war. Irgendwann dachten seine Schwestern, er sei gestorben, und sie bestatteten ihn in einer Höhle. Doch Lazarus war nicht tot, sondern hatte seinen Körper verlassen und durchlebte eine geistige Erfahrung. Was ihm passiert ist, kann man heute mit einer Nahtod-Erfahrung vergleichen. Nach vier Tagen kam Jesus Christus in das Dorf, in dem Lazarus lebte. Er befahl sofort, die Höhle zu öffnen, und rief, während alle Dorfbewohner um ihn herum standen (und so Zeugen dieser Geheimnisse werden konnten): „Lazarus, komm heraus!“ Dies waren die gleichen Worte, mit denen der Hierophant seinen Eingeweihten nach seiner dreitägigen Reise durch die geistigen Welten wieder zurück in seinen Körper rief. Lazarus setzte sich aufrecht hin, stand auf und wurde wieder lebendig.

Doch weil Lazarus durch seine Initiation zu einem anderen Menschen geworden war, erhielt er auch einen neuen Namen, so wie alle Eingeweihten im sechsten Grad nach ihrer Einweihung einen neuen Namen erhielten. Von da an wurde Lazarus Johannes genannt. Er war der Johannes, der später das Johannes-Evangelium sowie die „Offenbarung des Johannes“ schrieb.[91]

Die Pharisäer waren mit den Initiationen vertraut. Sie wussten also, was Jesus Christus getan hatte. Er hatte Lazarus öffentlich die sechste Einweihung gegeben. Deshalb beschlossen sie, dass Jesus Christus hingerichtet werden sollte. In der Bibel heißt es: „Von dem Tage an ratschlagten sie, wie sie ihn töteten.“[92] Aus ihrer Sicht war das ein gerechtes Urteil: Jesus Christus hatte nämlich das Gesetz gebrochen, das vorschrieb, dass alle Einweihungen und Rituale der Mysterien geheimgehalten werden mussten. Auf die Übertretung dieses Gesetzes stand die Todesstrafe. So gesehen war die Todesstrafe für Jesus Christus also gerechtfertigt.

Der Übergang von Blutsbanden zu geistigen Banden

Jesus Christus hatte einen kleinen inneren Kreis von Jüngern, die ihn nach außen hin repräsentierten. In der Bibel werden sie „die zwölf Apostel“ genannt. Neben diesem Kreis gab es weitere wichtige Jünger, wie etwa Josef von Arimathäa, Maria Magdalena und Nikodemus. Doch sie waren Eingeweihte und gehörten nicht zu diesem inneren Kreis. Deshalb vertraten sie Jesus Christus nicht nach außen hin.

Mit diesem inneren Kreis der bekannten zwölf Apostel – Petrus, Jakobus und Andreas zum Beispiel – hat es etwas Besonderes auf sich. In einem früheren Leben waren sie miteinander verwandt gewesen. Sie waren eine Gruppe von fünf Brüdern und eine Gruppe von sieben Brüdern. Die sieben Brüder wurden „die sieben Söhne der Witwe" genannt, die anderen fünf die „Söhne des Mattatias".[93] In jenem neuen Leben, in dem sie Jünger Jesu Christi wurden, waren sie nicht miteinander verwandt (außer dass es zwei Brüderpaare gab: Petrus und Andreas sowie Johannes und Jakobus).

Es erscheint wie ein vermeintlich unbedeutendes Detail: In einem früheren Leben durch Blutsbande verbunden – und dieses Mal nicht. Aber es ist ein äußerst aufschlussreiches Detail. Diesmal, in diesem Leben als Apostel Jesu Christi, gibt es ein geistiges Band, das sie miteinander verbindet – ihre Liebe zu Jesus Christus und damit zum Christus-Geist, der durch sie alle wirkt. Das ist es also, was passiert, wenn der Christus-Impuls in den Menschen zu wirken beginnt. Dann sind es nicht mehr die Blutsbande, die uns verbinden, sondern ein geistiges Band, das entsteht, wenn der Christus-Geist in uns zu wirken beginnt. Gerade in unserer heutigen Zeit ist es wichtig, sich dieses Übergangs bewusst zu sein. (Viele Konflikte im familiären Bereich haben mit diesem Übergang in der heutigen Zeit zu tun). Wir müssen lernen, die Verbindung zu unseren geistigen Geschwistern ernst zu nehmen und zu pflegen.

Die Entwicklung unseres Gewissens

Nach drei Jahren wurde auf Golgatha mit dem Tod von Jesus Christus am Kreuz der Christus auf Erden geboren. Wir haben bereits weiter oben festgestellt, dass die Taufe im Jordan im Grunde die Zeugung oder Empfängnis des Christus bedeutete. Nachdem er drei Jahre lang im Körper Jesu gelebt hatte und allmählich mit ihm eins (= Mensch) geworden war, wurde der Christus am Kreuz als eine irdische Kraft geboren. Von jenem Moment an zog (und zieht) er als Christus-Impuls in die Seelen der Menschen ein. Dadurch erhalten die Menschen neue Möglichkeiten, und es werden neue Seelenentwicklungen möglich.

Eine dieser Neuerungen ist die, dass der Mensch mit dem Christus-Impuls die Möglichkeit erhalten hat, sein Gewissen zu entwickeln. Dies ist ein großes Geschenk. Ein Geschenk, das auch große Veränderungen mit sich bringt: Mehr und mehr wird unser Gewissen an die Stelle von äußeren Gesetzen und Regeln treten.

Jesus Christus gab demnach seinen Jüngern auch Anweisungen, wie sie ihr eigenes Gewissen entwickeln konnten. Er gab ihnen dazu die sogenannten „Seligpreisungen".[94] Dies sind brüderliche Ratschläge, die ein inneres geistliches Wachstum ermöglichen, damit sich das Gewissen entfalten kann. Diese Ratschläge sind auch für unsere eigene Zeit wichtig.

Übrigens ist das Geschenk des Christus-Impulses ein Geschenk, mit dem wir in voller bewusster Verantwortung umgehen müssen: Wenn wir unser Gewissen nicht entwickeln und die Gesetze, Regeln und Vorschriften ihren tieferen Sinn verlieren (wie man heutzutage überall sehen kann), wird dies zunehmend zu Chaos und Sittenverfall führen. Es ist also ganz wichtig, dass wir aktuell lernen, uns bewusst der Entwicklung unseres Gewissens zu widmen.

Dann wird unser Gewissen an die Stelle von Gesetzen und Regeln treten, die zunehmend an autoritärer Wirkung verlieren.

Unser Alltag wird zu unserem Einweihungsweg

Jesus Christus setzte dem alten Einweihungsweg ein Ende, den die Menschen in jener alten, vorchristlichen Zeit nur in Tempeln und anderen heiligen Stätten – und damit in völliger Abgeschiedenheit – gehen konnten. Stattdessen richtet er unsere Aufmerksamkeit auf unseren Lebensalltag. Dieses irdische Leben mit all seinen Aufgaben, Enttäuschungen und Lebenslektionen ist das Lernmaterial, das uns heutzutage aufgetischt wird, damit wir geistig wachsen können. Dabei lehrt uns Jesus Christus auch, regelmäßig Rückschau zu halten und uns der vielen Lebenslektionen bewusst zu werden, die wir inzwischen bereits gelernt haben.

Der normale Alltag ist also unser Lernstoff. Es geht nicht mehr um Lektionen, die wir nur in Initiationsschulen erhalten können, in unserer Zeit zum Beispiel die Lektionen, die Novizen in einem Kloster lernen. Nein, das Leben selbst ist unser Lehrmeister geworden. Die Abwendung der Menschen von Klöstern und Kirchen ist die direkte Folge dieser Entwicklung.

Im Zusammenhang mit diesem neuen Entwicklungsweg lehrte Jesus Christus seine Jünger auch die heiligen Gesetze von Karma und Reinkarnation. Darüber sprach er allerdings mit ihnen nur, wenn sie allein waren, ganz unter sich; denn die Menschen konnten diese Erkenntnisse zu seiner Zeit noch nicht verstehen. Doch wer die Bibel aufmerksam liest, wird feststellen, dass sie mehrere verschleierte Hinweise auf Reinkarnation und Karma enthält.[95] Damit wird erkennbar, was Jesus Christus uns deutlich machen will: In jedem Erdenleben machen wir einen neuen Schritt auf dem Weg der Menschwerdung, auf dem wir eines Tages, in ferner, ferner Zukunft, Jesus Christus gleich werden dürfen. Deshalb sagt der Christus in einer Vision zu Johannes auf Patmos: „Wer überwindet, dem werde ich geben, mit mir auf meinem Stuhl zu sitzen.“[96]

17.

Die Stille Woche beginnt

Die Karwoche oder Heilige Woche

Drei Jahre nach der Taufe im Jordan, kurz vor dem jüdischen Passahfest – dem Pascha – brach Jesus Christus gemeinsam mit seinen Jüngern von Galiläa (im Norden Israels) nach Jerusalem auf, das im Süden von Judäa liegt. Diese Wanderung von Galiläa nach Judäa war bezeichnend. Galiläa ist eine üppige grüne Landschaft, voller Leben und Vitalität, Judäa hingegen – unter dem Einfluss des Toten Meeres, eines Salzmeeres, das jegliches pflanzliche Leben in seiner Umgebung unmöglich macht – besteht aus einer kargen, toten Landschaft. Diese Wanderung von Galiläa nach Judäa, oder der Weg von einem Gebiet voller Lebenskraft in ein Gebiet des Todes, sagt alles: In Judäa erwartete Jesus Christus der Tod. Wir können es auch anders sagen: Dort, in Jerusalem, im Herzen Judäas, wurde der Eintritt Christi ins irdische Leben vollzogen, dort wurde seine Menschwerdung vollendet.

Die Woche, die dem Passahfest vorausging, brachte eine schwere Last mit sich. Alles, was an jenen Tagen geschah, war bedeutungsschwer und hat sich weltweit ausgewirkt. Einige dieser Tage erhielten daher auch einen eigenen Namen: So heißt der Sonntag beispielsweise Palmsonntag, der Donnerstag wird Gründonnerstag genannt, gefolgt von Karfreitag und Karsamstag. Am Sonntag schließlich folgt das Osterfest: Ostern.

Jedes Jahr gedenken wir wieder der Ereignisse jener Woche und durchleben in unserer Seele das Leiden und Sterben Jesu Christi. Am Ostermorgen schließlich ehren wir das größte Wunder der gesamten Menschheitsgeschichte – die Auferstehung. Diese besondere Woche hat daher auch verschiedene Namen erhalten: Die „Heilige Woche", die „Passionswoche", die „Karwoche", die „Große Woche" oder die „Stille Woche". Die vielen Namen, die dieser Woche gegeben wurden, zeigen, dass es den Menschen nicht gelungen ist, all die großen Geheimnisse, die sich in jener Woche ereigneten, in einem einzigen Namen zusammenzufassen – so gewaltig war das, was damals geschah.[97]

Palmsonntag

Am Palmsonntag – dem Sonntag vor seiner Kreuzigung – machte sich Jesus Christus mit seinen Jüngern auf den Weg vom Jordantal nach Jerusalem, das auf zwei Hügeln liegt.[98] Auf halbem Weg schickte er seine Jünger los, um einen weißen Esel zu holen. Dann ritt er auf diesem Esel in die Stadt hinein. Die Juden, die ihn vorbeireiten sahen und dieses eindrucksvolle Bild jenes Mannes auf seinem weißen Esel sahen, umgeben von einer Gruppe von Männern und Frauen, die mit ihm zu Fuß unterwegs waren, müssen sofort an den Seher Bileam gedacht haben.[99] Er wurde „der Mann, dem die Augen geöffnet sind" genannt. Jeder Jude kannte seine Geschichte. Er hatte Jahrhunderte zuvor gelebt und war ein Mann, der über magische Kräfte verfügte. Er war vom König von Moab angeheuert worden, um das Volk Israel zu verfluchen. Doch als er versuchte, diese Aufgabe zu erfüllen, gelang es ihm nicht. Er fiel in Trance (oder Ekstase), wurde zu einem Kanal für höhere geistige Kräfte und segnete das Volk, anstatt es zu verfluchen. Dreimal versuchte er es, aber jedes Mal kam ein Segen statt eines Fluches über seine Lippen. So wurde Bileam zum Symbol der Ekstase und des Segens, aber auch der Allmacht der guten Geister, die das jüdische Volk behüteten.

Diesmal – als es erneut um einen Mann auf einem Esel ging – war es nicht der Mann auf dem Esel, der in Trance geriet, sondern die Zuschauermenge. Wie war das möglich? Die Menschen spürten und sahen die Kraft des Christus, die durch den Menschen Jesus wirkte und mehr denn je spürbar, ja sogar sichtbar wurde. In diesem entscheidenden Moment, nämlich auf seinem Weg in den Tod – und damit im Moment der Besiegelung seiner Menschwerdung – durchbrach die Christuskraft den Körper Jesu wie strahlendes Sonnenlicht, das die Menschen berührte und in Ekstase versetzte. Deshalb riefen sie: „Gelobt sei, der da kommt im Namen des Herrn! Hosianna in der Höhe!"[100]

Die Menschen fühlten sich bewegt und berührt: Jesus Christus strahlte so viel Licht aus, dass es schien, als ob die Sonne selbst in die Stadt eindringen würde. Sie erkannten: „Dies hier hat eine tiefe Bedeutung. Aber welche? Ist dieser Mann gekommen, um die Menschen zu segnen, wie es vor Jahrhunderten Bileam getan hatte?"

Jesus Christus bringt die Sonnenreligion wieder zurück nach Jerusalem

Einst befand sich an der Stelle, an der später die Stadt Jerusalem entstehen sollte, ein Sonnenheiligtum in einer Höhle am Hang des Hügels, auf dem später der Tempel erbaut werden sollte. Der Priester dieses einfachen Heiligtums war Melchisedek, ein sehr hoher Eingeweihter in die Mysterien der Sonne.[101] Später, als das Volk Israel das Land Kanaan in Besitz genommen hatte, wurde an der Stelle des Sonnenheiligtums eine Stadt gebaut, die Stadt Jerusalem. In dieser Stadt wurde von König Salomon ein Tempel gebaut. Dieser Tempel war jedoch ein Mondheiligtum, weil die jüdische Religion eine Mondreligion ist.

Der Unterschied zwischen einer Sonnenreligion und einer Mondreligion ist Folgender: In einer Sonnenreligion kommen Wissen und Gewissen direkt aus der göttlichen Welt zum Menschen, der diese Kräfte sofort, ohne Umwege, in seine eigene Seele aufnimmt. Dadurch wird er zu einem Wissenden. Bei einer Mondreligion kommt das Wissen über einen Umweg zum Menschen, so wie das Sonnenlicht in der Nacht über den Mond sichtbar wird. Dieses Wissen gelangt dann beispielsweise über ein heiliges Buch, einen Eingeweihten oder über Priester zum Menschen und nicht direkt. Deshalb spielen im Judentum nicht nur die Tora, sondern auch die Priester eine so wichtige Rolle.

Doch als Jesus Christus auf seinem weißen Esel in die Stadt Jerusalem hineinritt und ein gleißend helles Licht ausstrahlte, als sei er die Sonne selbst, ist das eine klare Ansage: „Jetzt reitet die Sonne selbst in die Stadt hinein!" Das heißt: „Jetzt wird in Jerusalem wieder die Sonnenreligion geboren werden." Wenn Jesus Christus am Kreuz stirbt und der Christus geboren wird, wird er als Christus-Impuls in die Seelen der Menschen einziehen. Jeder Mensch, in dessen Seele dieser Christus-Impuls lebendig wird und sich daraufhin entfaltet, wird dadurch zu einem Wissenden werden – zu jemandem, der die Antworten auf die großen Lebensfragen kennt und ein Gewissen (einen moralischen Kompass) in sich trägt. Ein solcher Mensch braucht kein heiliges Buch, keine Priester und keine Gesetze mehr, um zu wissen, wie er leben soll und was das Geheimnis des Lebens ist. Das lebt dann in ihm als ein inneres Wissen, als eine innere Gewissheit. So wurde durch das Geschenk des Christus-Impulses die Sonnenreligion in den Herzen der Menschen wiedergeboren.

Der Heilige Montag

Am Montag brach Jesus Christus mit seinen Jüngern erneut von Bethanien – wo er die Nacht verbracht hatte – in die Stadt Jerusalem auf.

Auf halber Strecke, bei Bethfage, hielt er an. Bethfage war eine kleine Siedlung; der Name dieses Dorfes bedeutete etwa „Feigenhausen“. Hier lebte eine kleine Gruppe von Menschen, die sich der Meditation, Askese und spirituellen Übungen widmeten. Sie übten sich auch im „Sitzen unter dem Feigenbaum“, wie die Schulung genannt wurde, die zum Ziel hatte, hellsichtige Wahrnehmung oder transzendentales Sehen zu erreichen. Jeder Jude kannte den Ausdruck „unter dem Feigenbaum sitzen“, denn der Feigenbaum war zum Symbol der geistigen Schulung und des hellsichtigen Sehens geworden. Dort, in Bethfage, ging Jesus Christus auf die Feigenbäume zu und blieb vor einem von ihnen stehen. Das überraschte die Jünger: Es war noch nicht die Zeit, in der die Feigen reif waren. Was wollte ihr Meister also dort machen? Dann hörten sie ihn wundersame Worte sprechen, ja, sogar einen Fluch: „Nie wieder wird jemand Früchte von dir essen – bis in alle Ewigkeit!“

Was diese rätselhaften Worte bedeuteten, verstanden sie zu jenem Zeitpunkt allerdings noch nicht. Erst später (nach dem Tod und der Auferstehung Jesu Christi) begann man zu erkennen, dass die Zeit des alten Entwicklungsweges vorbei war, nämlich durch Askese, Übungen und Meditation ein Wissender zu werden. Der neue Entwicklungsweg, der durch den Christus-Impuls möglich werden würde, implizierte und impliziert, dass wir an den Lebenslektionen wachsen, die uns das Leben jeden Tag aufs Neue präsentiert. Wer diese Lektionen ernst nimmt, wer an sich selbst arbeitet und dadurch Einsicht in sich selbst (und damit in andere) gewinnt, wird ganz automatisch zu einem Wissenden werden; denn durch diese Lebenseinstellung wird der Christus-Impuls in ihm lebendig, der ihn zu einem Wissenden machen wird. Irgendwann wird er sogar selbst in die ätherische Welt schauen dürfen. Dies geschieht allerdings nicht sofort – es erfordert eine Menge Zeit, Geduld und viele Leben. Doch wer beharrlich bleibt, wird eines Tages erleben dürfen, wie das Leben selbst ihn in einen Wissenden transformiert.

Chaos im Tempel

Als sie in der Stadt angekommen waren, ging Jesus Christus zum Tempel. Wegen des bevorstehenden Passahfestes war dort sehr viel los. Tiere wie Tauben, Ziegen und Lämmer wurden abgetastet, verkauft und geopfert, Geldwechsler wechselten fremde Münzen. Es herrschte ein reges Treiben, als wäre der Tempel ein Jahrmarkt. Doch als Jesus Christus den Tempelhof betrat, war es, als ob plötzlich die Sonne aufging und die ganze Dunkelheit enthüllte. Dadurch wurde den Menschen auf dem Platz die ganze Dunkelheit unvermittelt bewusst – einfach so. Sie verstummten und wurden sich plötzlich bewusst, dass sie diesen heiligen Raum in eine Art Markt oder Räuberhöhle verwandelt hatten. Dadurch erschraken sie vor sich selbst und vor dem, was sie so plötzlich erkannten. Vor allem aber bekamen sie Angst vor Jesus Christus, der sie das alles einfach so spüren ließ. Im Nu herrschte Chaos im Tempelhof: Die Menschen taten die seltsamsten Dinge, um dieser plötzlichen Erkenntnis zu entfliehen. Tische und Stühle stürzten um, Münzen rollten in alle Richtungen und entlaufene Tiere sorgten für ein großes Durcheinander. Jeder, der vor Ort war, spürte: Der Tempel muss gereinigt und gesäubert werden, damit eine Neubeseelung möglich wird. Sie verstanden selbst nicht, was sie da nun genau spürten, und doch erkannten sie: Es wird etwas radikal Neues kommen, das uns retten wird, denn so, wie es gerade ist, kann es nicht weitergehen.

Rührend ist, dass der Bibeltext beschreibt, dass Jesus Christus inmitten dieses Chaos Gelähmte und Blinde heilte, die zu ihm kamen. Die Sensibilität, die ihr Leiden ausgelöst hatte, ließ sie spüren: „Er kann uns heilen, zu ihm müssen wir gehen." Wir können es auch anders ausdrücken: Den Menschen, die offen für Einsicht waren, konnte Jesus Christus in diesem Moment ein tieferes Wissen, eine tiefere Erkenntnis schenken. Das war ihre Heilung.

So sehen wir also, wie am Sonntag die Sonnenweisheit oder Sonnenreligion in die Stadt gebracht wurde, und wie anschließend am Montag die Beseitigung all des Alten begann, damit Platz für diese Neubeseelung oder für den Christus-Impuls entstand.

Am Ende jenes Tages verließ Jesus Christus mit seinen Jüngern die Stadt, um auch die kommende Nacht in Bethanien, im Jordantal, zu verbringen.

Dienstag: Ein Tag des Streits

Am Dienstag zog Jesus Christus erneut mit seinen Jüngern in die Stadt. Wieder ging er in den Tempel und brachte ein Opfer zur Vorbereitung des Passahfestes. Die Menschen, die ihn vorübergehen sahen, wurden leiser. Sie hatten gehört, was am Vortag im Tempel geschehen war. Infolgedessen waren viele ängstlich geworden. Es war so seltsam: Am Sonntag hatten sie ihm noch enthusiastisch und voller Ekstase „Hosanna!" zugerufen. Nun bekamen sie jedoch direkt ein wenig Angst vor ihm. Doch während die Menschen immer schweigsamer wurden, schien die Gestalt Jesu Christi immer majestätischer zu werden. Er strahlte eine immer größere innere Kraft aus. Die spirituellen Führer Israels – die Mitglieder des Hohen Rates, die Schriftgelehrten, die Sadduzäer und Pharisäer – griffen ihn im Tempel abwechselnd an und begannen ein Streitgespräch mit ihm. Sie hofften, ihn mit geschickten Fragen festnageln und klein machen zu können. Doch sie versagten kläglich: Jesus Christus gab so majestätische Antworten, dass seine Widersacher wie kleine, zornige Jungen wirkten, Jesus Christus jedoch als der große Prophet, der aus einer unergründlich tiefen Weisheit schöpfte.

So begann der Dienstag mit einer Verbalschlacht. Doch gegen Ende dieser Streitgespräche sprach Jesus Christus ein achtfaches „Wehe euch" über die Pharisäer und Schriftgelehrten aus: „Wehe euch,

Schriftgelehrte und Pharisäer, ihr Heuchler“ und: „Wehe euch, ihr verblendeten Leiter.“ Nun, auf das Äußerste gereizt, stieg in ihm seine innere Kraft hoch, und er sprach ohne Zurückhaltung.[102] „Die verblendeten Leiter“ – damit meinte er die Priester und Schriftgelehrten selbst, hatten die direkte Verbindung zur geistigen Welt verloren und waren daher nicht mehr imstande, dem Volk die geistige Führung zu geben, die es so dringend benötigte.

Am Ende des Nachmittags verließ Jesus Christus die Stadt. Gegen Abend ging er mit seinen Jüngern auf den Ölberg, der auf der anderen Seite des Kidrontals liegt. Als sie vom Gipfel des Ölbergs aus auf die Stadt Jerusalem jenseits des Tals schauten, sprach Jesus Christus die sogenannte „Apokalypse“ aus. Er sah, was die Zukunft bringen würde: „Es wird die Zeit kommen, in welcher von dem allem, was ihr sehet, nicht ein Stein auf dem andern gelassen wird, der nicht zerbrochen werde.“[103]

Die Zukunftsvision Jesu Christi zeigte noch mehr, reichte noch weiter in die Zukunft. Irgendwann in ferner Zukunft würden die Menschen vor die Wahl gestellt werden: Entweder sie würden sich nur mit der Materie verbinden oder sich für die Liebe entscheiden – und damit für die Liebe zu den Hungrigen, Armen und Gebrechlichen. Wer sich für Letzteres entschied, würde dadurch eine lebendige Verbindung zur geistigen Welt herstellen. Jeder Mensch in der fernen Zukunft würde vor diese Wahl gestellt werden: Entweder für den Weg der reinen Materie oder für den Weg der Liebe und folglich für den Geist – und damit auch für den Geist in der Materie.

Könnte es sein, dass Jesus Christus auch unsere heutige Zeit im Sinn hatte?

Trost am Mittwoch

Am Mittwoch blieb Jesus Christus mit seinen Jüngern in Bethanien. Die ersten Tage jener Woche standen ganz im Zeichen der bevorstehenden Transformation – dem Übergang von der Mondreligion zur Sonnenreligion. Der zweite Teil der Woche sollte im Zeichen von Kreuzigung, Tod und Auferstehung Jesu Christi stehen. Der Mittwoch markierte dabei den Übergang zum zweiten und damit entscheidenden Teil der Woche.

Dort, in Bethanien, geschah etwas Außergewöhnliches. Es war während des Mahls, als Jesus Christus und alle seine Jünger zu Tisch saßen. In jenem Moment salbte Maria Magdalena plötzlich und für alle unerwartet Jesus Christus im Kreis seiner Jünger die Füße mit kostbarem Nardenöl und trocknete sie dann mit ihrem Haar ab. Auf diese Weise gab sie ihm eine Todesweihe: Die Salbung, die jeder Sterbende nach Möglichkeit erhält. In der römisch-katholischen Kirche ist dies noch immer üblich und wird „die letzte Salbung“ genannt.

Wahrscheinlich verstummten die Jünger und erlebten diesen Akt der Liebe und des prophetischen Wissens mit Staunen, aber auch mit gedämpftem Schweigen, weil sie intuitiv spürten, dass hier etwas Besonderes, etwas Bahnbrechendes geschah.

Doch dann brach Judas, einer der Jünger von Jesus Christus, das Schweigen. Er ärgerte sich über diesen Akt der Liebe Marias, verlor die Beherrschung und wurde wütend: Das Geld für dieses kostbare Öl hätte man doch so viel besser ausgeben können. Zum Beispiel für die Armen. Voller Zorn verließ er den Kreis und ging schnurstracks in die Stadt zu den Priestern und fragte sie: „Was wollt ihr mir geben? Dann werde ich ihn euch ausliefern.“ Daraufhin gaben sie ihm, wie die Bibel sagt, dreißig Silberstücke.

Die Unterscheidung zwischen Licht und Dunkelheit

Wenn wir über den tieferen Sinn der Ereignisse am Mittwoch nachdenken, wird eines klar: Wo Jesus Christus erscheint, da werden Licht und Dunkelheit unverhüllt sichtbar. So konnte es passieren, dass am Mittwoch sowohl das Licht und die Liebe von Maria Magdalena als auch die Dunkelheit und der Verrat von Judas sichtbar wurden. Wenn die Sonne zu erstrahlen beginnt, entsteht ja bekanntlich immer Licht und Schatten. Das ist die Wirkung der Sonne: Sie entlarvt mit ihrem Licht die Schatten. Genauso war und ist somit auch die Wirkung der Sonnenkraft Christi.

So bilden die Ereignisse dieses Mittwochs eine symbolische Ankündigung dessen, was nach der Auferstehung geschehen würde: Der Christus-Impuls, der in den Herzen der Menschen zu wirken beginnt und das Licht und die Dunkelheit enthüllt, die in ihnen leben.

Wir leben heute in einer Zeit, in der der Christus immer häufiger den Menschen aus der feinstofflichen Welt erscheinen wird. Die Menschen unserer Zeit werden nämlich allmählich zu feinstofflicher Wahrnehmung fähig. Sie werden nach und nach immer mehr imstande sein zu sehen, was in der ätherischen Welt, die die Erde wie eine Hülle umgibt, geschieht. Auf diese Weise werden sie auch fähig, den Christus zu erkennen. Aber gerade durch die wachsende Verbindung mit ihm werden sich Licht und Dunkelheit immer öfter unverhüllt zeigen. Das ist die Wirkung, die von Christus ausgeht – auch jetzt, in unserer Zeit.

18.

Gründonnerstag oder Heiliger Donnerstag

Die Fußwaschung

Der Donnerstag der Karwoche wird Gründonnerstag genannt. Auf Französisch heißt dieser Tag „Jeudi Saint", – „heiliger Donnerstag". Mit Sonnenuntergang begann für die Juden an jenem Tag die Vorbereitung auf das Pessachfest. Ein Lamm musste geschlachtet, dann gebraten und gegessen werden. Nichts durfte von dem Lamm übrig bleiben, und kein Knochen durfte zerbrochen werden. In der jüdischen Tradition wird diese Mahlzeit auch heute noch gefeiert: Das Sedermahl, das am Sederabend abgehalten wird.[104] Mit diesem Mahl begann das Pessachfest, das sieben Tage dauerte.

Jesus Christus feierte dieses Mahl in der Stadt Jerusalem, im Ordenshaus der Essener. Dieses Haus stand gegenüber dem Palast von Kaiphas, dem jüdischen Hohepriester. Außerdem – wie bezeichnend – stand (und steht) dieses Haus an der Stelle, wo einst das Heiligtum des Melchisedek stand – ein Sonnenheiligtum. Beim Sedermahl am Gründonnerstag, an diesem besonderen Ort, sollte Jesus Christus seinen Jüngern die Riten für die neue Sonnenreligion mit auf den Weg geben.

Das Mahl begann mit einer Fußwaschung. So, wie wir uns vor dem Essen die Hände waschen, wurden in früheren Zeiten vor dem Essen die Füße gewaschen. Das lag daran, dass sich die Menschen zu den

Mahlzeiten auf Ruhebänke entlang des Tisches legten. Normalerweise wurden die Füße von einem Sklaven oder einem Diener gewaschen. Standen diese jedoch nicht zur Verfügung, so musste es derjenige tun, der im sozialen Rang am niedrigsten stand. Doch an jenem Abend sagte Jesus Christus zu seinen Jüngern, als sie den Raum betraten, er wolle ihnen selbst die Füße waschen. Das war unerhört: Er, der Meister, der Ranghöchste unter ihnen, nahm den Sklavendienst auf sich.

Jesus Christus tat dies aus einem ganz bestimmten Grund. Er wollte – jetzt, da er und seine Jünger zum letzten Mal zusammen waren – mit dieser Geste seine Dankbarkeit gegenüber seinen Jüngern ausdrücken. Ohne ihre Hilfe – so spürte er tief in seinem Inneren – hätte er seine hohe Mission niemals erfüllen können. Das ist bemerkenswert, denn im Grunde hatten sie ihn doch so oft im Stich gelassen. Noch am selben Abend schliefen sie beispielsweise in Gethsemane ein, während ihr Meister den schwersten Kampf seines Lebens ausfocht. Er drohte in jenem Moment zu sterben – noch bevor seine Mission erfüllt war. Die Dankbarkeit Jesu Christi gilt daher Menschen, die es ihm durch ihre Unwissenheit und ihr Unverständnis oft so schwer gemacht hatten. Seitdem ist die Fußwaschung der erste Schritt auf dem christlichen Weg zur Einweihung – mit dem Ziel zu lernen, dankbar zu sein für die Menschen und Situationen, die uns das Leben so schwergemacht haben. Zu lernen, dankbar zu sein für all die schmerzhaften Situationen, die in unserem Leben eingetreten sind, denn gerade durch diese heftigen Lebenslektionen konnten wir an Weisheit und Erkenntnis wachsen.

Brot und Wein

Jesus Christus und seine Jünger aßen wahrscheinlich zuerst vom Osterlamm. Damit erfüllte er die alten Vorschriften und Bräuche. Aber dann brach Jesus Christus das Brot, das auf dem Tisch lag, und goss den Wein ein. Zur gleichen Zeit sprach er folgende Worte: „Nehmet und esset; das ist mein Leib, der für euch gebrochen wird." Und: „Nehmet und trinket; das ist mein Blut, das für euch vergossen wird."

Brot und Wein – sie sind die Symbole für die neue Sonnenreligion geworden. Doch sie waren seit jeher schon in vielen Mysterien des Sonnenkultes – die überall auf der Welt im Geheimen durchgeführt wurden – Symbole des Sonnengottes. Dank der Kraft der Sonne konnten ja das Getreide wachsen und die Trauben reifen. An jenem Abend aber waren Brot und Wein mehr als ein Symbol. Jesus Christus legte in sie die Kräfte seiner Seele und seines Leibes, den er am nächsten Tag am Kreuz opfern sollte. Mit anderen Worten, er legte in sie die Christus-Energien hinein, die er mit seinem Tod der ganzen Menschheit schenken sollte, und die als der Christus-Impuls in jedem von uns erwachen wollen.

So vollzog Jesus Christus an jenem Abend den Übergang von der Mondreligion zur Sonnenreligion, vom Glauben an Autorität (von Priestern, alten Vorschriften usw.) zu einem direkten inneren Wissen.

Das Schlusswort: die Liebe

Am Sederabend wird das Essen immer mit der „Hagada", der Erzählung der Geschichte des jüdischen Volkes, abgeschlossen. Jesus Christus schloss das letzte Abendmahl auf eine neue Weise – mit dem „Hohepriesterlichen Gebet".[105] Die letzten Worte dieses Gebets lauten: „(...) auf dass die Liebe, damit du mich liebst, sei in ihnen und ich in ihnen."[106]

So besonders und bedeutungsvoll – das allein sagt alles – sind die abschließenden Worte dieses Gebetes, das der Liebe gewidmet ist. Es ist, als wollte Jesus Christus sagen, dass sich alles, was er gebracht, gesagt und gemeint hatte, mit diesem einen Wort zusammenfassen lässt: Liebe. Das bedeutet auch: Wer sich (auch in unserer heutigen Zeit) mit dem Christus-Impuls verbindet und ihn in sich zur Entfaltung bringt, wird dadurch zu einem Zeugen der wahren, höheren Liebe werden. Ja, er wird zur Liebe selbst. So macht Jesus Christus deutlich, dass die neue Sonnenreligion eine universelle Religion der wahren, höheren Liebe ist.

Dem Würgeengel – und damit dem Tod – geweiht

Die Zeremonie des Letzten Abendmahles im engen Kreis wurde jäh unterbrochen. Nach jüdischem Gesetz war es streng verboten, in dieser Nacht das Haus zu verlassen. Wer das dennoch tat, würde draußen auf den Todesengel treffen (so wie einst, vor vielen Jahrhunderten, beim Auszug aus Ägypten, der Todesengel herumging und in jeder ägyptischen Familie den Erstgeborenen tötete).[107] Doch Judas hielt sich nicht an die Regel. Er stand abrupt auf, verließ das Haus und ging über die Straße zum Palast des Kaiphas, wo der Kreis um den Hohepriester das Sedermahl feierte. Zum Entsetzen der Jünger wurde die Ruhe des Sedermahls (des Letzten Abendmahls) nochmals gestört. Und zwar, als Jesus Christus plötzlich vom Tisch aufstand und sie aufforderte, ihm zu folgen. Voller Schrecken folgten sie ihm hinaus in die dunkle Nacht, auf dem Weg nach Gethsemane, dem Garten auf dem Ölberg.

So wurden Judas und Jesus Christus in jener Nacht dem Todesengel geweiht. Beide würden sie sterben. Beide hatten aus freien Stücken die Entscheidung getroffen, in jener gefährlichen Nacht nach draußen zu gehen.

Ein Gebet auf Leben und Tod in Gethsemane

In Gethsemane ging Jesus Christus beten. Er ließ seine Jünger zurück und nahm nur Petrus, Johannes und Jakobus mit. Wenig später ließ er auch diese drei zurück, um ein Stück weiter weg in aller Stille und Einsamkeit zu beten. Er spürte, wie ihn Todesangst ergriff, und er brauchte die Kraft des Gebets, um standhaft zu bleiben. In der Übersetzung von Lukas lesen wir, dass er „Todesangst hatte". Im griechischen Text heißt es jedoch wörtlich: „Und es kam, dass er mit dem Tode rang." Das bedeutet, dass Jesus Christus in jenem Moment zu sterben drohte. Wenn Lukas hinzufügt: „Es ward aber sein Schweiß wie Blutstropfen, die fielen auf die Erde", so beschreibt er damit exakt die Symptomatik des Todeskampfes (so Emil Bock).[108] Wie kam es dazu, dass Jesus Christus in jenem Moment zu sterben drohte? Drei Jahre lang hatten die unvorstellbar großen, mächtigen Energien des Christus auf seinen Körper eingewirkt. Infolgedessen war sein Körper vollständig aufgebraucht. Emil Bock schreibt, dass sein Körper dadurch „innerlich schon fast zu Asche verzehrt" war.[109] Doch in jenem Moment im Garten Gethsemane war die Verwandlung des physischen Körpers Jesu durch den Christus noch nicht (ganz) abgeschlossen. Zum Abschluss stand noch die „Verchristlichung" seines Knochenmarks an. Das war das Einzige, was der Christus noch nicht transformiert hatte, wie ich bereits erwähnt habe.

Das bedeutete jedoch, dass seine hohe Mission, den menschlichen Körper in Zukunft vor dem Tod zu bewahren, noch nicht erfüllt war. Auch hätte ein vorzeitiger Tod Jesu Christi bedeutet, dass der Mensch nicht die Möglichkeit erhalten würde, den alles entscheidenden Impuls, den Christus-Impuls, in sich aufzunehmen, der ihn zu einem Wissenden, zu einem Träger der höchsten Liebeskraft, machen würde.

Zum Glück blieb Jesus Christus in jenem Kampf standhaft. Mit all seiner Kraft setzte er sich ein, um mit seinem physischen Körper verbunden zu bleiben. Als er diesen Kampf gewonnen hatte, stieg ein Engel vom hohen Himmel herab, um ihm neue physische Lebenskraft zu schenken. So konnte er seine hohe Mission doch noch erfüllen.

Während jenes Gebets lief Jesus Christus dreimal zu den drei Jüngern, die in der Nähe auf ihn warteten. Aber dreimal fand er sie „schlafend“ vor. Das heißt, sie waren sich des erbitterten Kampfes um Leben und Tod, den Jesus Christus führte, der die Zukunft der Menschheit bestimmen würde, überhaupt nicht bewusst. Ihre Unbewusstheit war ein Zeugnis der schrecklichen Einsamkeit, die Jesus Christus selbst inmitten seiner Jünger erlebte.

Der Judaskuss

Wenig später kam auch Judas in den Garten von Gethsemane. Doch er kam nicht allein: Er wurde von „einer großen Schar, mit Schwertern und mit Stangen“ begleitet.[110] Weiter oben habe ich erklärt, dass Jesus Christus und seine Jünger sich stark ähnelten. Sie wurden von demselben Geist bewegt. Deshalb hatte Judas mit der bewaffneten Gruppe von Männern, die ihm folgten und die Jesus Christus gefangen nehmen sollten, vereinbart, dass er Jesus Christus mit einem Kuss begrüßen würde, damit sie wüssten, wen sie denn nun eigentlich gefangen nehmen sollten. Und wie vereinbart, so geschah es auch. Judas gab Jesus Christus einen Kuss, woraufhin die Männer ihn gefangen nahmen. Seitdem wird der Kuss des Judas als „Judaskuss“ bezeichnet und ist das Symbol für höchsten Verrat.

Inzwischen war unbemerkt der Donnerstag in den Freitag übergegangen, denn es war bereits nach zwölf Uhr, als Jesus Christus gefangen genommen wurde. Der Tag, der dann anbrach, heißt „Guter Freitag“.

Auf Deutsch heißt dieser Tag „Karfreitag“, was so viel bedeutet wie „kummervoller, trauriger Freitag“. Auf Französisch heißt dieser Tag „Vendredi Saint“, „Heiliger Freitag“.

19.

Jesus Christus stirbt – und die Sonne geht auf

Die Verurteilung

Als Jesus geboren wurde (das Jesus-Kind, von dem das Matthäus-Evangelium berichtet), kamen drei Könige oder Weise aus dem Osten, um ihm Geschenke zu bringen und ihm zu huldigen. Er war in einem früheren Leben ihr ehemaliger Lehrer Zarathustra gewesen und nun für ein neues irdisches Leben auf die Erde zurückgekehrt. (Siehe auch Kapitel 11.)

Bemerkenswerterweise geschah beim Tod Jesu Christi etwas Ähnliches. Als er von bewaffneten Männern von Gethsemane in die Stadt Jerusalem geführt wurde – es war bereits tief in der Nacht – brachten sie ihn auf seinem Weg zum Tod noch in derselben Nacht zu drei herrschenden Machthabern. Zuerst zu Kaiphas, dem jüdischen Hohepriester, dann zu Pilatus, dem Statthalter von Judäa, und schließlich zu Herodes, dem König von Galiläa. Dort, in Galiläa, war Jesus Christus eben noch gewesen, bevor er mit seinen Jüngern von Galiläa nach Jerusalem (in Judäa) gezogen war. Deshalb schickte Pilatus ihn in letzter Instanz auch zu Herodes, da er nicht so richtig wusste, was er mit Jesus Christus machen sollte. Das war einfach, denn auch Herodes hielt sich wegen des bevorstehenden Passahfestes in der Stadt Jerusalem auf. Doch nach kurzer Beratung schickte ihn Herodes wieder zurück zu Pilatus, denn auch er wollte sich an dieser Sache lieber nicht die Finger verbrennen.

Schließlich – der Morgen war bereits angebrochen – verurteilte Pilatus auf Drängen des Sanhedrins, des jüdischen Rates, Jesus Christus zum Tod am Kreuz. Unmittelbar nach dem Urteilsspruch marschierten die Soldaten, die die Kreuzigung durchführen sollten, mit Jesus Christus in ihrer Mitte nach Golgatha, zum Ort der Hinrichtung. Jesus Christus musste sein Kreuz selbst tragen. Er war jedoch todmüde – zum einen, weil sein Körper durch das jahrelange Verweilen des Christus in ihm verschlissen war, aber auch, weil er die ganze Nacht von hier nach da geschleppt worden war. Deshalb erlag er irgendwann der Last des Kreuzes: Er stürzte und konnte nicht mehr weitergehen. Da nahm Simon von Cyrene auf Anweisung der Soldaten die Last von ihm und trug das Kreuz nach Golgatha. Auf dem ganzen Weg waren Jesus Christus und die Soldaten von einer johlenden, schreienden Menschenmenge umringt, die von den Priestern und Pharisäern aufgehetzt worden war.

Um neun Uhr morgens wurde Jesus Christus auf dem Hügel Golgatha gekreuzigt, in der Mitte von zwei Mördern, die ebenfalls zum Tod am Kreuz verurteilt waren. Sechs Stunden lang hing Jesus Christus dort, bevor er starb. Ein Martyrium.

Eine Einweihung in die Weisheit der Sophia

Selbst als er am Kreuz hing, war seine Aufmerksamkeit auf andere und auf die hohe Aufgabe gerichtet, die er zu erfüllen hatte, und nicht auf sich selbst. Siebenmal sprach er vom Kreuz herab – Worte, die als „die sieben letzten Worte Jesu am Kreuz" bekannt geworden sind. Einer dieser Aussprüche war an seine Mutter Maria und seinen geliebten Jünger Johannes gerichtet, die zusammen mit Maria Magdalena am Fuß des Kreuzes standen. Die anderen Jünger blieben weit weg und hatten sich hinter der Zuschauermenge versteckt, weil sie fürchteten, ebenfalls gefangen genommen zu werden.

Jesus Christus sagte zu seiner Mutter Maria: „Weib, siehe, das ist dein Sohn.“ Und zu Johannes sprach er: „Siehe, das ist deine Mutter.“ Der Bibeltext fährt mit folgenden Worten fort: „Und von der Stunde an nahm sie der Jünger zu sich.“[111] Hinter diesen rätselhaften Worten liegt ein großes Geheimnis verborgen. Maria symbolisierte nicht nur die Sophia, die himmlische Weisheit, sie war sogar selbst die Trägerin dieser himmlischen Kraft und verkörperte sie auf Erden. Wenn also Jesus Christus seinen geliebten Jünger Johannes an Maria verweist, weist er ihn im Grunde auf Sophia, die kosmische Weisheit, hin. Sie ist eine Weisheit, die auch den Astralleib desjenigen reinigt, in dessen Seele sie wohnen darf. Wenn es im Bibeltext heißt: „Von der Stunde an nahm sie der Jünger zu sich“, dann bedeutet das, dass Johannes die göttliche Weisheit Marias in sich aufnahm, und dass es diese Kraft, Sophia, war, die seinen Astralleib – und damit seine Seele – reinigte.

Diese Gabe am Fuße des Kreuzes – die wir als eine Einweihung in die Weisheit der Sophia bezeichnen können – hatte große Folgen. Viel später, als Johannes im hohen Alter auf der griechischen Insel Patmos gefangen gehalten wurde, hatte er dort Visionen, die ihm in einer Flut von eindrucksvollen Bildern die zukünftige Entwicklung der Menschheit und der Erde offenbarten. Dass er zu einer solchen Vision fähig war, war der Einweihung in die Weisheit der Sophia zu verdanken, die er dort, am Fuße des Kreuzes, erhalten hatte.

Verherrlichung

Kurz bevor Jesus Christus verstarb, rief er vom Kreuz herab: „Eli, Eli, lama sabachtani.“ Das bedeutet: „Mein Gott, mein Gott, warum hast du mich verlassen?“[112] Emil Bock weist darauf hin, dass es ursprünglich „asaftani“ statt „sabachtani“ geheißen haben muss. In diesem Fall hätte Jesus Christus etwas ganz anderes gesagt. Denn

„Eli, Eli, lama asaftani“ bedeutet: „Mein Gott, mein Gott, wie hast du mich verherrlicht!“ Was bedeuten diese Worte?

Jetzt, wo er im Begriff war zu sterben, erfüllte ihn vor allem eine tiefe Dankbarkeit und Ehrfurcht, trotz seines so schweren Leidens. Dankbarkeit dafür, dass er letztendlich doch seine hohe Mission hatte erfüllen dürfen und nun der ganze Leib Jesu Christi „verchristlicht“ und verwandelt worden war, bis in sein Knochenmark hinein. Dies würde die Menschheit in ferner Zukunft vom Tod befreien und die Heilkraft Christi auf der Erde wirksam werden lassen.

Wie konnte es passieren, dass diese beiden Wörter verwechselt wurden, „sabachtani“ und „asaftani“? Dies wurde wahrscheinlich absichtlich von den Mönchsschreibern der Bibel gemacht, die – vor der Erfindung des Buchdrucks im 15. Jahrhundert – nicht verstehen konnten, wie Jesus Christus am Kreuz von einer Verherrlichung sprechen konnte. Das konnte doch niemand, der so furchtbares Leid durchgemacht hat? So „korrigierten“ die Mönche den Bibeltext, als sie ihn abschrieben, indem sie das Wort „asaftani“ durch „sabachtani“ ersetzten und sich so für die Übersetzung: „Mein Gott, mein Gott, warum hast du mich verlassen?“ anstatt des ursprünglichen Textes: „Mein Gott, mein Gott, wie hast du mich verherrlicht!“[113] bevorzugten. Sie dachten, es sei eine Verbesserung, doch das war es nicht. So wurden – wie es mehrfach geschah – esoterische Geheimnisse aus dem Text der Bibel entfernt.

Jesus Christus stirbt – und die Sonne geht auf

Die sieben letzten Worte Jesu am Kreuz sind auf die vier Evangelien verteilt. Das Johannes-Evangelium ist das einzige, das diesen kurzen Ausruf Jesu Christi erwähnt: „Es ist vollbracht!“[114] Das bedeutet, dass Jesus Christus in jenem Moment die hohe Mission, für die er auf die

Erde gekommen war, erfüllt hatte. Jetzt konnte er ergeben und im Frieden sterben. Deshalb lautet sein letzter Ausruf am Kreuz, wie Lukas berichtet: „Vater, ich befehle meinen Geist in deine Hände."[115] Und Lukas fügt hinzu: „Und als er das gesagt, verschied er."

Um zwölf Uhr, als Jesus Christus bereits seit drei Stunden am Kreuz hing, geschah etwas Aufsehenerregendes. Auf Golgatha wurde es stockdunkel. Wahrscheinlich war es ein Sandsturm, der den Himmel verdunkelte und das Sonnenlicht ausblendete. Von jenem Moment an blieb es drei Stunden lang rabenschwarz. Es war, als ob die ganze Natur den Atem anhielt, als ein göttliches Wesen am Kreuz starb.

Aber dann, um drei Uhr, unmittelbar nach dem Tod von Jesus Christus, geschah etwas ganz Besonderes, das alle, die im Dunkeln zusahen, tief beeindruckt haben muss. Der Leichnam Jesu Christi am Kreuz begann in der Dunkelheit langsam zu leuchten. Es strahlte immer mehr Licht aus, bis es schien, als würde die Sonne am Kreuz hängen und zu scheinen beginnen. Wie war das möglich?

Was die Menschen dort sahen, war der Christus oder der Christus-Geist, der sich von dem toten Körper zu lösen begann und in seiner ganzen strahlenden Leuchtkraft sichtbar wurde.

Besonders in Mitteleuropa finden wir noch etliche Kruzifixe mit einem goldfarbenen Körper (oder Leichnam). Sie sind die stummen Zeugen des Wunders, das sich am Kreuz ereignet hat. In früheren Zeiten kannten die Menschen diese großen Geheimnisse noch, zwar nicht bewusst, jedoch intuitiv.

Erdbeben und ein zerrissener Vorhang

Doch zur gleichen Zeit spürten die Menschen auf Golgatha, wie der Boden unter ihren Füßen bebte: Plötzliche Erdbewegungen, die ihnen Angst einjagten und sie sogar in Panik versetzten. Es waren auch nicht nur leichte Erdbeben. Im Bibeltext heißt es dazu: „Und die Erde bebte, und die Felsen zerrissen.“[116] Die Erde „wusste“, was geschah, und drückte ihre Erschütterung darüber in diesen Erdbeben aus.

Aber es gab nicht nur Erdbeben, es geschah auch noch etwas anderes: In dem Moment, als Jesus Christus verstarb, riss der Vorhang im Tempel von oben nach unten entzwei. Das heißt, der Vorhang, der das Allerheiligste vom Rest des Tempels abschirmte, zerriss in zwei Hälften.

Dies ist von vielsagender Bedeutung, denn niemandem war es erlaubt, das Allerheiligste zu betreten. Einmal im Jahr durfte nur der Hohepriester eintreten. In diesem Allerheiligsten lebte Gott, und niemand konnte oder durfte ihn sehen. Aber jetzt, da Jesus Christus gestorben war, konnte plötzlich jeder (um es einfach auszudrücken) zu Gott hineinschauen. Die Verbindung zu ihm war wiederhergestellt. Als sichtbares Zeichen dieser wiederhergestellten Verbindung zerriss der Vorhang.

Das ist etwas ganz Besonderes, denn wir haben bereits festgestellt, unter welcher Tragik jener Zeit Jesus Christus so stark gelitten hatte, nämlich unter der Tatsache, dass die Menschen wie Schafe ohne Hirten geworden waren und jegliche Verbindung zur geistigen Welt verloren hatten. Aber in jenem Moment, als Jesus Christus starb und der Christus auf Erden geboren wurde, der die Menschen als Christus-Impuls inspirieren sollte, war es dank dieser Gabe wieder möglich, eine Verbindung zur göttlichen Welt herzustellen. Der zerrissene Vorhang war das Zeichen dafür.

Das Blut Jesu Christi

Nachdem Jesus Christus gestorben war, kam ein römischer Soldat, Longinus, zum Kreuz geritten und durchbohrte die Seite des Leichnams Jesu Christi mit einer Lanze. Wasser und Blut strömten aus der Wunde.

Das apokryphe Nikodemus-Evangelium erzählt – so wie auch mehrere mittelalterliche Sagen und Legenden – dass Josef von Arimathäa dieses Blut in einer Schale oder einem Kelch auffing, in demselben Kelch, der am Vortag beim letzten Abendmahl benutzt und von Jesus Christus gesegnet worden war.[117] Dieser Kelch wurde zum Träger des heiligen Blutes Jesu Christi und wird seitdem als „Gral" bezeichnet.

Der Gral ist somit ein eindrucksvolles Symbol für den Menschen selbst. Wir dürfen nämlich zum Gral werden, denn jeder von uns darf zum Träger des Geistes Christi werden. Genau das beinhaltet dieses heilige Blut im Gral nämlich – den Geist Christi. Schließlich ist das Blut in jedem Menschen der Träger unserer geistigen Kräfte – und das Blut Jesu Christi ist der Träger der Christus-Energien.

Bei der Kreuzigung Jesu Christi tropfte ebenfalls Blut aus seinen Wunden: Es fiel zur Erde und wurde von der Erde aufgesogen. Das bedeutet, dass die Erde dieses heilige Blut – und somit den Geist Christi – in sich aufgenommen hat. Seitdem lebt der Geist Christi in der Erde.[118] Emil Bock schreibt: „Mit dem Blut aus den Wunden ergießt sich seine Seele über den Leib der Erde."[119]

Als Jesus Christus starb, wurde der Christus auf Erden geboren. Erst dann begann sein Leben auf Erden. Doch zugleich geschah noch etwas anderes. Was war das? Wenn ein Mensch stirbt, verlassen seine Seele und sein Geist den physischen Körper und beginnen einen Aufstieg in die geistigen Welten. Dabei verlassen sie die Erde und steigen in höhere Welten auf. Beim Christus war das ganz anders. Er befand sich mitten in einem langen, langen Abstiegsweg. Erst zur Sonne, dann zur Erde. Doch nun, nach seinem Tod, begann sein Abstieg ins Herz der Erde. Dabei war es sein Blut, das ihm den Weg in die Erde bahnte.

Natürlich handelt es sich hierbei um Prozesse, die viele Jahrhunderte dauern werden. Doch was hier passierte, ist der Urbeginn einer neuen Entwicklung. Hat sich der Christus erst einmal mit der Erde vereinigt, kann er ganz allmählich immer mehr zum Geist der Erde werden. Dann wird auch die Erde vergeistigt und „verchristlicht" (mit dem Christus-Geist durchdrungen) werden, so wie es einst mit dem Leib Jesu geschah.

Die Grablegung

Josef von Arimathäa bat Pilatus um die Erlaubnis, den toten Körper Christi vom Kreuz herunternehmen und begraben zu dürfen. Er erhielt diese Erlaubnis. Zusammen mit Maria, Maria Magdalena und anderen nahm er den Leichnam vom Kreuz und hüllte ihn in Leichentücher. Dann brachten sie ihn in den Garten des Josef von Arimathäa, wo sich eine Grabstätte befand, die noch nicht benutzt worden war. Auch der Leichnam Jesu Christi sollte dem auferstandenen Christus helfen, seinen Weg zum Herzen der Erde zu finden, denn dieser Körper war ja „verchristlicht" und zum Träger der Christuskräfte geworden.

Die Kommunion

So wurden das Blut und der Leib Jesu Christi zu den stillen Kräften, die die Verwandlung der Erde herbeiführen sollten. Sie setzten einen

Prozess der „Verchristlichung“ oder Vergeistigung in Gang, durch den die Erde eines Tages zu einer neuen Sonne werden wird. Dies wird auch als „Kommunion der Erde“ bezeichnet. Kommunion bedeutet: Gemeinschaft mit dem Leib und dem Blut Jesu Christi. Die Erde verbindet sich mit dem Geist Christi.

20.

Karsamstag: In der geistigen Welt bricht Ostern an

Der Siegeszug in der geistigen Welt

Der Samstag, der auf jenen so heftigen Freitag folgte, war ein Tag der Stille – der „Stille Samstag". Das heißt, es herrschte Stille auf Erden. Es war ein Tag, der von Grabesstille geprägt war. Am Gründonnerstag stand die Tafel – des Letzten Abendmahls – im Mittelpunkt, am Karfreitag das Kreuz, am Samstag war es das Grab.

Doch in der geistigen Welt war es nicht still am Karsamstag, ganz im Gegenteil. Als Christus starb, seinen physischen Körper ablegte und in die geistige Welt eintrat, begann dort ein großes Licht zu leuchten, das von ihm ausging und alles erhellte. Er trat zuerst in die ätherische Welt ein und stieg dann von der Ätherwelt in die niedrigen Astralwelten auf, wo wenig oder kein Licht scheint und Finsternis vorherrscht.

Die Menschen, die dort nach ihrem Tod manchmal jahrhundertelang in der Dunkelheit gefangen saßen, schreckten plötzlich auf und erwachten. Es war, als wären sie sich all die Jahre, die sie dort im Dunkeln verbracht hatten, kaum oder nur teilweise bewusst gewesen, wo sie denn eigentlich waren. Es war, als ob sie von diesem überwältigenden Licht geweckt wurden und endlich zu sich selbst kamen. Sie spürten und wussten plötzlich: „Dieses Licht ist unser Ziel, diesem Licht müssen wir folgen!" Als Jesus Christus langsam in die höheren geistigen Welten aufstieg, folgten ihm Tausende, ja Millionen von Verstorbenen, die bis dahin den Weg zum Licht nicht hatten finden können. So begann am Samstag der beeindruckende Marsch ins Licht: Unzählig viele Tote folgten Christus auf seinem Weg in die hohen Lichtwelten, ins Devachan.

Es war ein unvorstellbar großes, einmaliges Ereignis. Dort, in jener so dunklen Astralwelt, begann unvermittelt ein alles erhellendes Licht zu leuchten. Emil Bock sagt dazu: „So ging in der Astralwelt die Sonne auf."[120]

Paulus und Petrus kannten dieses Geheimnis

Auch dieser beeindruckende Siegeszug all der Menschen, die den Fängen des Todes entkamen, gehört zum esoterischen oder geheimen Wissen des Christentums. Deshalb finden wir in der Bibel auch nur wenige Hinweise darauf. Hinweise, die man nur verstehen kann, wenn man das Geheimnis vom Karsamstag kennt. So schrieb Petrus beispielsweise in einem Brief – der in die Bibel aufgenommen wurde – über Jesus Christus: „[Er] ist getötet nach dem Fleisch, aber lebendig gemacht nach dem Geist. In demselben ist er auch hingegangen und hat gepredigt den Geistern im Gefängnis, die vorzeiten nicht glaubten, da Gott harrte und Geduld hatte zu den Zeiten Noahs."[121]

Die „Geister im Gefängnis" sind die Verstorbenen, die nach ihrem Tod den Weg ins Licht nicht finden konnten. Die Tatsache, dass Christus ihnen gepredigt hat, bedeutet, dass das Licht, das von ihm ausging, sie erweckt und bewusst gemacht hat. Die Tatsache, dass sie dort schon „seit den Zeiten Noahs" festsaßen, bedeutet, dass es sich (unter anderem) um Menschen handelt, die zur Zeit des Untergangs von Atlantis gestorben waren und seitdem all diese Jahrhunderte lang in der unteren Astralwelt festsaßen. Wir wissen dies, weil Noah der große Eingeweihte war, der die Überlebenden der Sintflut (oder des Untergangs von Atlantis) nach Europa und Asien geführt hatte. Das bedeutet, dass die Menschen, die zur Zeit Noahs gestorben waren, Atlanter waren, die einst vom Wasser verschlungen worden waren. Sie dürfen nun endlich Christus folgen und ins Devachan gehen.

Auch Paulus kannte das Geheimnis vom Karsamstag. In seinem Brief an die Epheser schreibt er über Jesus Christus: „(…) Er ist aufgefahren in die Höhe und hat das Gefängnis gefangengeführt (…).“[122] In diesem Brief werden die Verstorbenen, die nach ihrem Tod den Weg ins Licht nicht finden konnten und in den unteren Astralwelten stecken blieben, als „Gefangene“ bezeichnet oder auch als „Gefangene der Dunkelheit“ – und damit Gefangene von Luzifer und Ahriman.

Das apokryphe Nikodemus-Evangelium berichtet ebenfalls ausführlich über den Siegeszug Christi durch die geistigen Welten nach seinem Tod. Dort heißt es: „Dann stieg er mit ihnen aus der Unterwelt empor.“ Diese Aussage bezieht sich auf diejenigen, die gestorben waren und nach ihrem Tod den Weg nicht finden konnten, nun aber Christus folgten und mit ihm ins Devachan aufstiegen. Dabei sangen sie ein Lied: „Gesegnet sei, der da kommt im Namen des Herrn! Halleluja! Ihm gebührt Ehre und Lob von allen Heiligen.“[123]

Die tröstliche und für uns so wichtige Konsequenz aus all dem ist: Als Christus und alle, die ihm auf jenem gewaltigen Siegeszug folgten, längst außer Sichtweite waren, blieb etwas in der Astralwelt zurück. Mitten durch diese dunkle Welt verläuft seither ein Weg, der in der Finsternis leuchtet – der Weg, den der Christus gebahnt hat, und der in jener Welt bewahrt blieb. Seitdem können Verstorbene, die sich der Geheimnisse des Ostersamstags bewusst sind, den Weg in die Welt des Lichts oder ins Devachan viel schneller und leichter finden, weil dieser Lichtweg für sie leuchtet und ihr Weg bereits gebahnt ist.

Niedergefahren zur Hölle

Viele ältere Gläubige kennen noch das kurze, prägnante Apostolische Glaubensbekenntnis (das auf das erste oder zweite Jahrhundert nach Christus zurückgeht). Viele Menschen haben dieses Glaubensbekenntnis in der Vergangenheit auswendig gelernt, weil es den christlichen Glauben kurz und prägnant zusammenfasst und in Gottesdiensten oft vorgelesen wurde. Das Glaubensbekenntnis enthält folgende prägnante Aussagen über Jesus Christus: „(...) gelitten unter Pontius Pilatus, gekreuzigt, gestorben und begraben, hinabgestiegen in das Reich des Todes; am dritten Tage auferstanden von den Toten (...)."

Besonders auffällig sind die Worte „hinabgestiegen in das Reich des Todes" (in der alten Übersetzung: „Niedergefahren zur Hölle"). Dem Text zufolge beziehen sich diese Worte auf ein sehr bedeutsames Ereignis, das nach dem Tod Jesu Christi am Kreuz und vor seiner Auferstehung stattfand. Wenn man die Abfolge der verschiedenen Ereignisse genauer betrachtet, wird klar, dass es sich um ein Ereignis am Karsamstag handelt. So weist diese Aussage des Glaubensbekenntnisses auf das Erscheinen Christi bei den Verstorbenen in den unteren Astralwelten am Karsamstag und seinen anschließenden Aufstieg ins Devachan hin. So sehen wir, wie selbst im Apostolischen Glaubensbekenntnis das Mysterium des Karsamstags bewahrt wurde, wenn heutzutage auch nur noch wenige Menschen verstehen, was die Worte „hinabgestiegen in das Reich des Todes" wirklich bedeuten.

Das Osterfest startet in der geistigen Welt

In gewissem Sinne können wir sagen, dass Ostern als Auferstehungsfest in den geistigen Welten schon am Karsamstag begann. Man kann es auch anders sagen: Am Karsamstag fand in der geistigen Welt der feierliche Beginn der Osterfestes statt, das erst am nächsten Tag auf der Erde stattfinden sollte. Erst am Ostermorgen sollte Jesus Christus auf der Erde von den Toten auferstehen. Doch diese Auferstehung fand nun bereits in der geistigen Welt statt.

Emil Bock schreibt: „Während auf der Erde noch der Samstag der Passionswoche war, war es im Totenreich bereits Ostern. Bevor die Menschen auf der Welt etwas von Ostern verspürten, erlebten es die Toten schon.“[124]

Der Karsamstag fiel auf den Tag des Sabbats. An diesem Tag feierten die Juden das große Passahfest. Es war also ein besonderer Sabbat. Doch wir dürfen diesen besonderen Samstag als den „Sabbat aller Sabbat-Tage“ bezeichnen: Einen Tag, an den sich die Menschheit in allen kommenden Zeiten erinnern wird. Aber vor allem als den Tag, an dem in der geistigen Welt bereits die Auferstehung begann.

Immer mehr Menschen gingen nach ihrem Tod verloren

Es ist wohlgemerkt ziemlich auffällig, dass vor 2.000 Jahren, zur Zeit von Jesus Christus, so viele Menschen nach ihrem Tod den Weg in die höhere Lichtwelt, das Devachan, nicht mehr finden konnten. Sie blieben in der unteren Astralwelt stecken. Dies war die Folge von Entwicklungen, die ich bereits weiter oben beschrieben habe: Die Engel zogen sich allmählich zurück, und selbst die Eingeweihten fanden es damals sehr schwierig, Kontakt zur geistigen Welt herzustellen. Infolgedessen verloren die Menschen, die die Eingeweihten zu führen hatten, den Glauben daran, dass es so etwas wie eine geistige Welt überhaupt gibt. Sie verloren den Glauben oder das innere Wissen, dass der Tod nur ein Übergang in eine andere, höhere Welt ist. Infolgedessen starben sie ohne Bewusstsein.

Eben diese Unbewusstheit bewirkte, dass sie im Leben nach dem Tod in der geistigen Welt nur Schatten sahen und das Licht, das ihnen aus fernen, hohen Welten entgegenstrahlte, nicht wahrnehmen konnten.

Ein typisches Beispiel für diese Entwicklung ist Folgendes: In Israel – dem früheren Palästina – gab es zur Zeit Jesu Christi drei Gruppen von Eingeweihten. Erstens die Pharisäer, die in der Bibel oft erwähnt werden. Sie kannten die alten Gesetze und Schriften und versuchten, diese zu befolgen und einzuhalten. Die zweite Gruppe, über die die Bibel sich allerdings ausschweigt, wurde von den Essenern gebildet. Über sie habe ich bereits weiter oben berichtet. Sie dienten Jesus Christus, wann immer es möglich war, in der Stille und pflegten ein strenges rituelles Leben, um noch eine Verbindung zur geistigen Welt zu erhalten. Wir haben jedoch auch gesehen, wie Jesus Christus sie auf ihren geistigen Egoismus hinwies. Weil Luzifer und Ahriman keinen Zugriff auf sie bekamen, stürzten sie sich umso erbitterter auf die einfachen Menschen, die so Opfer der Reinheit und Sauberkeit der Essener wurden.

Die dritte Gruppe bildeten die Sadduzäer. Auch sie werden in der Bibel regelmäßig erwähnt. Der Hohepriester Kaiphas beispielsweise war ein Sadduzäer. Sie waren stark rationalistisch ausgerichtet und glaubten weder an Engel und Geister noch an eine Auferstehung des Menschen nach dem Tod. Das ist sehr bezeichnend und eigentlich unvorstellbar: Eingeweihte, die nicht mehr an eine geistige Welt glauben und keine innere Verbindung mehr zu ihr haben! Gerade an den Sadduzäern können wir ablesen, wie sehr auch die Eingeweihten jener Zeit die Verbindung zur geistigen Welt verloren hatten. Wenn *sie* schon nichts mehr über das Weiterleben nach dem Tod wussten, wie sollte es dann erst den „gewöhnlichen" Menschen ergehen, die ihnen zur Führung anvertraut waren? Auch sie verloren folglich jeden Sinn für die geistige Welt und kamen nach ihrem Tod dort unbewusst an, unfähig, sich darin zu orientieren oder den Weg zu finden, wofür der Mensch ja Bewusstsein und ein gewisses Verständnis und Vertrauen in jene Welt braucht.

Wir haben bereits festgestellt, dass Jesus schon in jungen Jahren so intensiv um die Menschen besorgt war, die „wie Schafe ohne einen Hirten" waren. Ihnen galt sein ganzes Mitgefühl und seine ganze Liebe. Er wollte ihnen helfen. Jetzt, nach seinem Tod. trat Jesus Christus in die geistige Welt ein und rettete all jene Menschen, mit welchen er durch eine tiefe Empathie und Liebe verbunden war. Eben diese Liebe ermöglichte es all diesen Menschen, das Licht zu sehen, das von ihm ausging und das sie erwachen ließ.

Ergänzend dazu ein Blick auf die heutige Zeit

Wer über die Tragik all derer nachdenkt, die zur Zeit Jesu Christi verstorben sind und in der unteren Astralwelt stecken geblieben waren, fragt sich unwillkürlich, wie denn nun die Situation in unserer jetzigen Zeit eigentlich ist. Dazu ist festzustellen, dass derzeit genau dieselbe Tragödie herrscht. Immer mehr Menschen glauben, dass mit dem Tod auch wirklich alles endet, und dass ein Leben nach dem Tod Unsinn ist. Sie sterben unbewusst, ohne Wissen um das neue Leben, das sie erwartet. Deshalb bleiben heute auch immer mehr Menschen in der niedrigen, dunklen Astralwelt stecken.

Natürlich gibt es Engel und Verstorbene im Devachan, die regelmäßig in die untere Astralwelt hinabsteigen, um die Verstorbenen zu erwecken; und natürlich gibt es auch Lebende auf der Erde, die durch Hellfühlen, Hellwissen oder Hellsehen imstande sind, den Hilferuf der Toten wahrzunehmen und ihnen den Weg zu weisen. Sie lenken sie auf den Lichtweg, der dort seit Karsamstag deutlich zu sehen ist. Auch ich selbst darf immer wieder Menschen, mit welchen ich mich verbunden fühle, nach ihrem Tod den Weg weisen. Doch gerade aufgrund dieser Erfahrungen bin ich sehr besorgt über die rasant steigende Zahl von Menschen in unserer Zeit, die nichts mehr über die geistige Welt und das Weiterleben nach dem Tod wissen.

Damals, vor 2.000 Jahren, war es der Christus, der die Gefangenen in der Astralwelt befreite. Doch wie soll das jetzt laufen? Wie können sie jetzt befreit werden? In unserer heutigen Zeit ist das möglich, indem wir Menschen Einblick in das Leben nach dem Tod und in den Weg, den wir dann gehen dürfen, gewähren: Wissen kann uns retten. Das ist auch der Grund, weshalb ich mehrere Bücher über das Leben nach dem Tod geschrieben habe, die ich diesem Thema gewidmet habe (siehe auch das Vorwort). In Anbetracht dessen wird klar, wie wichtig es ist zu erkennen, wie wir hier auf Erden unseren geliebten Verstorbenen helfen können. Wenn sie in unseren Herzen ein inneres Wissen darüber ablesen, wie es nach dem Tod weitergeht, kann dieses Wissen ihnen helfen. Sie können dadurch aufwachen und den Weg ins Devachan entdecken.

Die Erde nimmt den Körper Jesu Christi auf

Auf der Erde war es am Karsamstag still: Die Jünger Jesu Christi hatten sich in das Ordenshaus der Essener zurückgezogen, wo sie das Letzte Abendmahl gefeiert hatten. Es gab immer noch Erdbeben und Erschütterungen, die am Tag zuvor begonnen hatten, als Jesus Christus am Kreuz hing. Das gab vielen ein bedrohliches Gefühl, obwohl es ein Feiertag war, das Paschafest. Diese Erdbeben hatten eine besondere Auswirkung auf die Grabstätte des Josef von Arimathäa, in der der Leichnam Jesu Christi niedergelegt und beigesetzt worden war.

Um die Mysterien, die mit dieser Grabstätte verbunden sind, verstehen zu können, müssen wir zunächst etwas mehr über den Ort wissen, an dem das Grab lag. Ursprünglich soll Jerusalem auf zwei Hügeln erbaut worden sein: Auf dem Tempelberg (der Hügel, auf dem Salomo später den Tempel baute) und dem Berg Zion. Zwischen beiden Hügeln befand sich ein uralter Riss in der Erdoberfläche. Aber schon zur Zeit Salomos wurde dieser Spalt zwischen den beiden Hügeln geschlossen.[125] Genau an dieser Stelle befand sich die Grabstätte des Josef von Arimathäa, in der der Leichnam Jesu Christi niedergelegt und beigesetzt worden war.

Doch durch die anhaltenden Erdbeben wurde diese uralte Kluft wieder aufgerissen. Der Leichnam Jesu Christi stürzte in die tiefe Spalte, die damals entstand. Die Erde nahm seinen Körper auf. Von dort aus wirkten die heiligen Energien, mit welchen dieser Körper durchtränkt war, heilsam und heilend auf die Erde ein. So wurde die Erde zum Träger des Leibes Christi. Bei späteren Beben – sie dauerten bis zum frühen Ostermorgen an – wurde die Spalte wahrscheinlich wieder (teilweise) geschlossen. Deshalb fanden die Jünger am Ostermorgen ein leeres Grab vor.

Eine neue Zukunft

Dieses Mysterium des Karsamstags berührt Geheimnisse, die wir in unserer Zeit kaum noch verstehen können: Erst in (viel) späteren Zeiten werden wir viel weiter und viel tiefer in die besonderen Geheimnisse, die damit verbunden sind, eindringen und diese verstehen können. Eines aber ist in jedem Fall klar: Wenn die Erde den Leib Jesu Christi in sich aufnimmt, beginnt damit ein Prozess, der die Erde eines Tages in eine Sonne verwandeln wird. War nicht der Christus der Sonnengeist, der auf die Erde herabkam, und wurde der Körper dieses Sonnengeistes nicht am Karsamstag von der Erde aufgenommen? Beginnt damit nicht eine Entwicklung, die die Erde – in ferner Zukunft und ganz allmählich – vollständig erneuern und umformen wird? Die heilenden und transformierenden Energien des Sonnengeistes – also Christi – wirken seither aus dem Herzen der Erde auf die ganze Erde ein.

So beginnt am Karsamstag eine ganz neue Entwicklung, für die wir uns mit all unserer geistigen Kraft einsetzen sollten. Schon jetzt, in diesem Leben, aber auch in den nächsten Leben und auf den nächsten Inkarnationen von Mutter Erde: Jupiter, Venus und Vulkan.

So beginnt am Karsamstag also die Entwicklung, die von uns Wissen und Mitarbeit verlangt und uns neue Hoffnung und neue Perspektiven bietet. In der kirchlichen Tradition scheint es oft so, als ob das Werk Jesu Christi mit Ostern beendet war. Doch im esoterischen Christentum wird Ostern als Neubeginn eines großen, alles umfassenden Prozesses der Erneuerung und Verwandlung betrachtet: Die Erde wird ganz allmählich und durch viele Prüfungen zu einer neuen Sonne werden!

So, wie die Toten am Karsamstag ihren Siegeszug antraten, der sie nach Hause ins Devanchan bringen sollte, begann an jenem Tag hier auf der Erde eine neue Entwicklung, die folgende und äußerst hoffnungsvolle Perspektiven bietet: Die Erde wird eines Tages zu einer Sonne werden, auf der es nur Licht, Reinheit, Liebe, Wahrheit und Erkenntnis gibt.

Wer die Geheimnisse kennt, erfasst: Am Karsamstag beginnt auch auf Erden ein langer, langer Entwicklungsweg ins Licht. Der Ostermorgen wird zeigen, wohin diese neue Entwicklung letztlich führen wird – zur Vergeistigung der Materie.

21.

Ostern – die Auferstehung

Ein höheres Denken ist notwendig

Das Wunder von Ostern – die Auferstehung Jesu Christi von den Toten – ist das Herzstück und die eigentliche Quelle des christlichen Glaubens. Doch es ist auch ein großes Mysterium und für den modernen Menschen unbegreiflich. Wie kann der physische Körper eines Menschen denn vom Tode auferstehen? Was tot ist, kann doch nicht wieder lebendig werden?

Während frühere Generationen noch fast ohne Nachdenken an die Auferstehung Jesu Christi glauben konnten, ist dies dem modernen Menschen (beinahe) nicht mehr möglich. Ganz einfach, weil das Denken für uns immer wichtiger geworden ist, und weil die Auferstehung mit dem herkömmlichen Denken nicht zu verstehen ist – nicht mit dem aktuellen wissenschaftlichen Denken, doch ebenso wenig auch mit der aktuellen Theologie. Viele Menschen haben dem Glauben daher den Rücken gekehrt, weil wir Menschen etwas nicht mehr nur auf Geheiß eines anderen glauben können – wir wollen es verstehen. Erst wenn wir die Dinge verstanden haben, können wir uns innerlich mit ihnen verbinden.

Aber kann man denn das Wunder der Auferstehung überhaupt verstehen? Letztendlich schon, doch das erfordert von uns eine andere Art des Denkens, das sich nicht allein auf die Materie beschränkt, sondern auch den Geist mit einbezieht. Dieses andere – subtilere und höhere – Denken wird deshalb auch als „spirituelles Denken" bezeichnet. Es ist eine Denkweise, die uns beispielsweise etwas über Nahtod-Erfahrungen, das Erscheinen von Engeln bei Menschen sowie Christus-Erscheinungen vermitteln will, um nur einige Beispiele zu nennen.[126] Eine Denkweise, bei der man sich bewusst wird, was in jedem Menschen lebt und diesen still und leise bewegt – seine Seele und sein Geist.

Dieses höhere, spirituelle Denken brauchen wir, weil es sich bei der Auferstehung Jesu Christi nicht nur um ein physisches, körperliches, sondern auch um ein geistiges Ereignis handelt. Wer sich also auf eine rein auf die Materie bezogene Denkweise beschränkt und nichts von der geistigen Seite der Ereignisse unserer Zeit und den spirituellen Aspekten im Menschen wissen will, wird dieses Mysterium niemals verstehen können. Bevor ich auf dieses höhere, spirituelle Denken näher eingehe, möchte ich zunächst veranschaulichen, auf welche Weise die Jünger Jesu Christi laut Bibel in dieses Mysterium eingeführt wurden.

Die vier Evangelien – vier verschiedene Blickwinkel

Auch für sie war die Auferstehung unverständlich. Es ist daher beeindruckend zu entdecken, wie die Jünger Jesu Christi in der Bibel Schritt für Schritt zu diesem Wissen geführt werden. Die Bibel zeigt auf subtile Weise, wie sie in vier Schritten allmählich zur Erkenntnis kamen. Jeder Schritt wird in einem der vier Evangelien beschrieben.

Weiter oben habe ich bereits aufgezeigt, dass zwei (der vier) Evangelien von der Geburt des Jesuskindes berichten, und dass es sich dabei um zwei verschiedene Kinder handelt. Die beiden anderen Evangelien erzählen von der Geburt des Christus im Menschen Jesus, von seiner

Taufe im Jordan. Dabei beleuchten auch sie zwei unterschiedliche Aspekte dieser Geburt. So beschäftigt sich jedes der vier Evangelien mit einem anderen Aspekt der Geburt Jesu Christi. In den vier Erzählungen von der Auferstehung Jesu Christi (in den vier Evangelien) sind Ähnlichkeiten zu erkennen. Es gibt eine aufsteigende Kurve von Matthäus über Markus zur Geschichte bei Lukas, um mit dem Bericht bei Johannes zu enden. In all diesen Auferstehungsgeschichten spielt Maria Magdalena, eine Frau (wie bezeichnend!), eine wichtige Rolle. Doch erst beim vierten Schritt – im Johannes-Evangelium – wird sie zur ersten Zeugin der Auferstehung. Um zu dieser Erkenntnis zu gelangen, waren drei vorausgehende Schritte notwendig – wobei jeder in einem anderen Evangelium beschrieben wird. Welche Schritte sind dies?

Eine schrittweise Erkenntnis

Bei Matthäus wird uns berichtet, dass Maria Magdalena (zusammen mit der anderen Maria) zum Grab kam. Als sie dort ankamen, gab es ein heftiges Erdbeben, das die Frauen in großen Schrecken versetzte. Sie sahen, dass durch das Erdbeben der schwere Grabstein fortgewälzt worden war. Dadurch und durch die schockierenden Erlebnisse der vorangegangenen Tage begann Maria Magdalena hellsichtig zu werden: Sie sah plötzlich einen Engel auf dem weggewälzten Stein sitzen und begriff, dass es tatsächlich der Engel war, der den Stein weggewälzt hatte. Dann sagt der Engel, dass Jesus Christus nicht mehr im Grab liege und sie und die andere Maria zu den Aposteln gehen solle, um ihnen zu sagen, dass Jesus Christus auferstanden sei.[127] Der Stein, den der Engel weggewälzt hatte, ist also der erste und für Maria Magdalena bereits sehr schockierende Schritt auf dem Weg der Entschlüsselung des Geheimnisses der Auferstehung.

Im Markus-Evangelium wird berichtet, dass die beiden Frauen, als sie zum Grab kamen, sahen, dass der Stein bereits weggewälzt worden war. Sie sind zutiefst erstaunt, denn – so erzählt Markus – der Stein war sehr groß. Aufgrund dieser Verwunderung werden sie hellsichtig und betreten die Grabstätte, wo sie einen Jüngling sitzen sehen – einen Engel.

Anders als bei Matthäus sind die Frauen nun in die Grabstätte hineingegangen und sehen, dass das Grab leer ist. Der Engel sagt ihnen, sie sollen zu den Jüngern gehen.[128] Schockiert und entsetzt machen sie sich auf den Weg zu ihnen – mehr können sie nicht ertragen. Der zweite Schritt ist also die Erkenntnis, dass das Grab leer ist.

Auch im Lukas-Evangelium ist der Stein bereits weggewälzt, und die Frauen betreten die leere Grabstätte. Dort treffen sie auf zwei Engel, keine Jünglinge, sondern „Männer mit glänzenden Kleidern".[129] Diese Engel erklären den Frauen, dass Jesus Christus auferstanden ist, so wie er es selbst angedeutet hatte. Das ist der dritte Schritt: Durch die Worte des Engels entsteht in Maria Magdalena – und der anderen Maria – eine erste Vorahnung vom großen Wunder der Auferstehung.

So wird Maria Magdalena Schritt für Schritt auf die konkrete Begegnung mit dem auferstandenen Christus vorbereitet, die im Johannes-Evangelium stattfindet.[130] Dort steht Jesus Christus am leeren Grab, doch Maria Magdalena erkennt ihn nicht. Erst als er ihren Namen ausspricht, erkennt sie, wer vor ihr steht – der auferstandene Christus. Erst dann beginnt sie zu erkennen, dass der Tod ihn nicht fesseln konnte und er als neuer Mensch auferstanden ist. So beginnt sie, das Geheimnis der Auferstehung durch die Erscheinung Jesu Christi zu verstehen.

Die vier Stufen der Entwicklung des Christentums

Wenn man über die immer detaillierter werdende Beschreibung der Auferstehung in den verschiedenen Evangelien nachdenkt, wird deutlich, dass diese vier Stufen im Grunde auch den Verlauf der Ereignisse unserer Menschheitsgeschichte beschreiben. Haben wir in den zwanzig Jahrhunderten, die seit der Auferstehung vergangen sind, nicht eine ähnliche Entwicklung durchgemacht?

- Bei Matthäus musste Maria Magdalena noch aufgrund der Autorität eines anderen (in diesem Fall eines Engels) glauben. So begann auch das Christentum: Der Glaube auf der Grundlage der Autorität dessen, was die Apostel den Menschen erzählten.
- Bei Markus findet sie ein leeres Grab und muss daraus schließen, dass er auferstanden ist. Das leere Grab nahm in den späteren Jahrhunderten der Entwicklung des Christentums vor allem in der Malerei eine immer zentralere Stellung ein. Nach der Anfangsphase des Christentums war es dieses Bildnis des leeren Grabes, das die Menschen von dem Geheimnis der Auferstehung überzeugte. Schließlich sprachen Bilder damals die Menschen noch mehr an als Gedanken und Überlegungen.
- Die Engel, von welchen Lukas im dritten Schritt erzählt, weisen Maria Magdalena darauf hin, dass Jesus Christus bereits während seines irdischen Lebens die Auferstehung vorausgesagt hat. Als die Reformation (ab 1517) mit Calvin und Luther begann, fingen die Menschen an, selbst in der Bibel zu lesen. Darin konnten sie nachlesen, wie Jesus Christus die Auferstehung bereits lange vorher angekündigt hatte. Damals war es diese Prophezeiung von Jesus Christus selbst, die die Menschen vom Geheimnis der Auferstehung überzeugte. Bei diesem dritten Schritt sehen wir, wie Bilder nicht mehr länger überzeugen, sondern wie Gedanken (das Denken) beginnen, an die Stelle der Bilder zu treten.

- Aber erst auf der vierten Stufe im Johannes-Evangelium erscheint Maria Magdalena der auferstandene Christus selbst und macht sie damit zu einer Wissenden. Wenn wir nun erkennen, dass der Christus den Menschen in unserer heutigen Zeit immer häufiger erscheint, wird deutlich, wie sehr Johannes in seinem Evangelium auf unsere heutige Zeit hinweist, da wir nun nicht mehr länger einfach an die Autorität eines anderen glauben können und das traditionelle Denken uns nicht mehr dabei helfen kann, das Geheimnis der Auferstehung zu verstehen. In Zukunft werden immer mehr Menschen erweckt werden, indem ihnen Christus erscheint. Sie werden dann, ebenso wie Maria Magdalena, seine Geheimnisse durch sein Erscheinen verstehen. So werden sie wissen, dass er den Tod überwunden hat.

Der Glaube an die Auferstehung ist also nicht etwas, das man einfach tut. Es bedarf eines langen Weges, bis man zu einem Wissenden wird, wie Maria Magdalena es wurde. Diese vier Schritte beschreiben im Grunde auch den Weg eines jeden Menschen, der das Mysterium der Auferstehung verstehen will: Vom Glauben an die Autorität, wie es ein Kind tut, über das Denken in Bildern, zum eigenen Lesen der Bibeltexte, bis diese Entwicklung schließlich darin gipfelt, eine innere Verbindung zum Christus zu finden.

Das Beispiel von der Raupe, die zum Schmetterling wird

Aber können wir denn nun auch lernen, die Auferstehung mit einem anderen, höheren Denken, einem spirituellen Denken zu verstehen? Dies ist möglich, wenn wir uns – zum Einstieg – beispielsweise von der Metamorphose der Raupe zum Schmetterling inspirieren lassen. In der Raupe laufen seit Ewigkeiten unsichtbare Prozesse ab. Doch eines Tages hört die Raupe auf zu fressen und sucht sich einen besonderen Platz. Manche hängen sich an einen Ast oder ein Blatt, wie der kleine Fuchs. Sie werden dann als „Puppe“ bezeichnet. Irgendwann platzt die Puppe auf, und der Schmetterling kriecht heraus. Dann ist die Metamorphose abgeschlossen.

Auf die gleiche Weise können wir auch die Auferstehung Jesu Christi betrachten. Der Christus bewirkte im Körper Jesu im Zeitraum von drei Jahren einen unvorstellbar großen Transformationsprozess. Alle Zellen seines Körpers wurden nach und nach vergeistigt oder „verchristlicht“. Durch den Einfluss der hohen Geistes- bzw. Christus-Kräfte, die in ihn einwirkten, war der Körper Jesu Christi nach diesen drei Jahren dann folglich völlig erschöpft, und er drohte (wie wir bereits erfahren haben) im Garten Gethsemane zu sterben. Zum Glück kam ihm ein Engel zu Hilfe und gab ihm neue Kraft. Doch als er einen Tag später am Kreuz hing, starb Jesus Christus dennoch. Sein Leichnam wurde daraufhin in die Grabstätte des Josef von Arimathäa gelegt. In der Stille der Gruft ging aus dem Leichnam der verwandelte Körper des auferstandenen Christus hervor, so wie der Schmetterling aus der Raupe schlüpft.

Als Maria Magdalena den auferstandenen Christus erkennt und tiefe Freude und Liebe in ihr aufsteigen, will sie ihn berühren oder umarmen. Doch da sagt der Christus zu ihr: „Rühre mich nicht an.“[131] Dieser Ausspruch hat im Laufe der Jahrhunderte viele Menschen verwirrt; denn es scheint eine so distanzierte, so unfreundliche Geste zu sein. Und doch ist sie so verständlich: Der neue Auferstehungsleib Christi ist noch so verletzlich und so zart, dass er keine Berührung verträgt. Genauso verhält es sich auch mit dem Schmetterling, der aus der Raupe geschlüpft ist: Er muss erst seine Flügel trocknen lassen und spannen, bevor er losfliegen kann. Dies ist der verletzlichste Moment in seinem Leben. So war es auch mit dem neuen Auferstehungsleib Christi.

Der Auferstehungsleib

Doch mit welchem Körper ist der Christus auferstanden? Mit einem physischen oder einem geistigen Körper? Es ist beides – ein geistig-physischer Körper. Vielleicht könnte man auch sagen: Es ist ein vergeistigter physischer Körper. Maria Magdalena erkannte den auferstandenen Christus zunächst nicht – so stark verändert war sein Aussehen beziehungsweise sein Körper. Sonst hätte sie ihn sicherlich erkannt.

Außerdem konnte er durch geschlossene Türen gehen – so vergeistigt war sein Körper. Dieser geistig-physische Körper wird auch „Auferstehungsleib" genannt. Rudolf Steiner bezeichnet diesen Körper als „das Phantom". Es ist ein Körper, den man mit den physischen Augen nicht wahrnehmen kann, nur auf hellsichtige Weise. Doch aufgrund der schockierenden Erlebnisse jener Tage war Maria Magdalena, wie wir bereits festgestellt haben, hellsichtig geworden. Genauso wie die anderen Jünger von Jesus Christus auch.

Eines Tages, in ferner Zukunft, werden wir uns alle ebenfalls mit einem solchen Körper einkleiden dürfen. Dann werden auch wir den Tod überwunden haben. Eines Tages wird sogar die ganze Erde – also die Materie der Erde – vergeistigt sein, genau wie dieser Auferstehungsleib. Das ist es, was die Auferstehung für die Erde und für uns alle so entscheidend macht: Weil es einem Menschen gelungen ist, seinen Körper zu vergeistigen und in dieses Phantom zu verwandeln, werden wir alle in ferner Zukunft imstande sein, uns mit einem solchen Körper zu bekleiden. Auch die Erde wird eines Tages in dieser neuen Form erscheinen: als vergeistigte Materie. Dies wird mit der nächsten Inkarnation von Mutter Erde geschehen – wenn sie als Jupiter inkarniert.

Mit der Auferstehung beginnt der Prozess, der uns letztendlich dazu führen wird. Deshalb bedeutet die Auferstehung nicht nur das Ende einer bestimmten Entwicklung, sondern auch den Beginn einer ganz neuen Entwicklung.

Der erste und der letzte Adam

Paulus bezeichnet den Christus als „den letzten Adam".[132] Der erste Adam, der erste Mensch, war der Stammvater aller Menschen. Er schenkte uns unseren physischen Körper. Dies ist ein sterblicher und vergänglicher Körper. Daher gehen alle Menschen durch den Tod, wenn ihr Körper stirbt.

Christus ist „der letzte Adam": Wer sich mit ihm verbindet und den Christus-Impuls in sich aufnimmt, wird von ihm in Zukunft einen neuen, unvergänglichen, unsterblichen Leib erhalten – einen geistig-physischen Leib. Die gesamte nächste Phase unserer Menschheitsentwicklung – und damit der gesamte zweite Teil unserer Menschheitsentwicklung auf der Erde – wird diesem Thema gewidmet sein. Schritt für Schritt, Leben für Leben, dürfen wir stets ein wenig mehr von dem Christus-Impuls und den Christus-Energien in uns verwirklichen. So wird innerlich – tief in unserem Inneren und für andere unsichtbar – ein Transformationsprozess stattfinden, der schließlich dazu führen wird, dass auch wir in ferner, ferner Zukunft die große Einweihung empfangen dürfen, die Jesus Christus bei seinem Tod durchlaufen hat und durch die sein neuer Auferstehungsleib ans Licht kam.[133]

Paulus sagt: Adam gab uns unseren physischen Körper, der uns erlaubt, unsere Lebenslektionen hier auf Erden zu lernen. Christus jedoch schenkt uns diesen neuen Körper – den Auferstehungsleib.

Die Auferstehung Christi selbst ist der Ausgangspunkt dieser neuen Entwicklung. Wie großartig ist es, erkennen zu dürfen, dass der

Christus sich bei der Taufe im Jordan mit dem Menschen Jesus vereinigt hat, um uns in ferner Zukunft diesen neuen Leib schenken zu können. Dazu ist er Mensch geworden!

Unsere Mission

In den östlich-orthodoxen Kirchen begrüßen sich die Menschen zu Ostern mit den Worten: „Christus ist auferstanden!“ Worauf der andere antwortet: „Ja, er ist wahrhaftig auferstanden!“ Dieses Ritual ist ein Hinweis darauf, dass die Menschen früher noch intuitiv wussten und spürten, dass Ostern einen entscheidenden Wendepunkt in der menschlichen Entwicklung markiert und der Auftakt zu einer ganz neuen Entwicklung ist.

Es geht dabei darum, dass der Christus in uns mehr und mehr zum Leben erwacht. Wenn das geschieht, entwickelt sich in uns eine Kraft, die imstande ist, den Tod zu besiegen.

Ostern ist also der Beginn, der Keim einer neuen Entwicklung. Ob diese Saat aufgeht, hängt zum Teil von uns ab. Wir müssen lernen, uns mit Christus zu verbinden und dann zum Mitschöpfer des Entwicklungsprozesses zu werden, der an Ostern begann. Folglich ist dies unsere gegenwärtige Aufgabe: Wenn Christus oder der Christus-Impuls in uns lebt, werden wir dadurch imstande sein, zur Transformation der Erde und unserer eigenen Seele beizutragen.[134] Am Ende wird sogar unser physischer Körper umgewandelt werden.

Teil V

DIE MYSTERIEN CHRISTI

22.

Nach vierzig Tagen – die Himmelfahrt

Die Geburt Christi auf Erden

Wir haben bereits festgestellt, dass der Tod Jesu Christi am Kreuz die Geburt Christi auf Erden bedeutete. Erst dann begann das irdische Leben Christi. Die Zeit zwischen der Taufe Jesu im Jordan und dem Tod Jesu Christi am Kreuz wird als „embryonale Phase“ bezeichnet. Im Körper Jesu adaptierte sich der Christus allmählich an die irdischen Energien und das irdische Kraftfeld und wurde eins mit ihnen. Es ist für uns Menschen unbegreiflich, wie groß das Leiden des kosmischen Christus gewesen sein muss, der sich von einem Wesen, das den gesamten Kosmos umfasste, immer mehr verkleinern und zusammenschrumpfen musste, bis er in einen menschlichen Körper passte. Ein größeres Opfer als dieses ist bisher noch nie erbracht worden.

Doch während sich der Christus allmählich dem Körper Jesu Christi anpasste, „verchristlichte“ oder vergeistigte er zugleich den Körper Jesu: Zelle um Zelle wurde durch die Christus-Energien transformiert und vergeistigt. Als nach einem dreijährigen Leidensweg diese beiden Aufgaben mit dem Tod Jesu Christi erfüllt waren und der Christus auf Erden geboren wurde, begann das irdische Leben Christi, das vierzig Tage lang dauerte – bis zu seiner Himmelfahrt.

Die vielen Gespräche mit dem Christus

Während jener vierzig Tage wohnten und lebten die Jünger Jesu Christi im Ordenshaus der Essener in Jerusalem, in dem Haus, in dem sie auch das Letzte Abendmahl gefeiert hatten. Auch hier saßen sie jeden Tag um den Tisch des Letzten Abendmahls. Und wieder war der Christus jeden Tag in ihrer Mitte. Aber jetzt in einem neuen Gewand – als der Auferstandene.

Es ist äußerst auffallend, dass die Bibel sehr knapp über das berichtet, was in jenen Tagen geschah. Wir erfahren lediglich, dass „er sich nach seinem Leiden lebendig erzeigt hatte durch mancherlei Erweisungen, und ließ sich sehen unter ihnen vierzig Tage lang und redete mit ihnen vom Reich Gottes".[135] Ein einziger Satz nur – ansonsten schweigt sich die Bibel darüber aus, was damals geschah.

Wann immer in der Bibel ein bestimmtes Thema so betont knapp und zurückhaltend angesprochen wird, müssen wir davon ausgehen, dass es sich an dieser Stelle offensichtlich um ein Thema handelt, das mit tiefen esoterischen Geheimnissen verbunden ist. Daher die Zurückhaltung. Das ist aber auch der Grund dafür, weshalb in den gnostischen und apokryphen Schriften – die viel weniger zurückhaltend sind, wenn es um esoterische Geheimnisse geht – viel ausführlicher von diesen vierzig Tagen berichtet wird. Insbesondere geht es dabei um die vielen sehr tiefgründigen Gespräche, die der Christus in jenen Tagen mit seinen Jüngern führte.

So ist ein Buch wie die „Pistis Sophia" (auch „Das Evangelium der Pistis Sophia" genannt) zum großen Teil den Gesprächen gewidmet, die der Christus mit seinen Jüngern während jener vierzig Tage führte. Rudolf Steiner sagt über dieses Buch: „Dieses Buch ist in koptischer Sprache verfasst und enthält viel von den Reden Christi bei der

Einweihung seiner Jünger, viele innere Auslegungen der Gleichnisse. (…) Die ‚Haimarmene', [von der in diesem Buch die Rede ist], ist Devachan. Die ganze übersinnliche Welt wird eingeteilt in zwölf Äonen. Dies sind die sieben Abteilungen des Astralplanes und die fünf untersten Abteilungen des Devachan."[136]

Gemäß der Pistis Sophia glaubten die Jünger beim Tod und der Auferstehung Jesu Christi, dass sie bereits in alle großen Geheimnisse eingeweiht worden seien. Doch der Christus zeigte ihnen während jener vierzig Tage, dass sie erst ganz am Anfang des Weges standen, auf dem ihnen die großen Geheimnisse offenbart werden würden. Er sagte zu ihnen: „Jetzt kann ich euch alles ohne Gleichnis erklären, und nichts werde ich mehr vor euch verborgen halten." Diese Aussage verdeutlicht, welch bedeutende Einblicke der Christus ihnen während jener vierzig Tage schenkte.

Auffallend ist, dass Rudolf Steiner im obigen Zitat darauf hinweist, dass die vierzig Tage zwischen Ostern und Himmelfahrt die Vorbereitung auf eine höhere Initiation der Schüler waren – eine Initiation, die den Jüngern erst zu Pfingsten zuteil wurde. Während jener vierzig Tage zeigte der Christus ihnen, was in den drei Jahren, die er als Jesus Christus mit seinen Jüngern verbracht hatte, tatsächlich geschehen war. Ein Geheimnis nach dem anderen offenbarte er ihnen in jenen Tagen. Zum Beispiel, wie die geistige Welt aufgebaut ist – von der Astralwelt bis zum Devachan. Doch er offenbarte ihnen auch das Geheimnis der Inkarnation Christi im Menschen Jesus. So wurde der Schleier, der über allen großen Geheimnissen lag, Tag für Tag mehr gelüftet.

Während jener vierzig Tage erschien ihnen der Christus in seinem Auferstehungsleib, mit dem er durch verschlossene Türen erscheinen und ebenso leicht wieder hinausgehen konnte. Die Jünger waren in einen Zustand hellsichtiger Wahrnehmung eingetreten. Sie konnten ihn nicht nur sehen, sondern auch hören, was er ihnen sagen wollte. Doch zugleich schien es, als befänden sich die Schüler in einem Rauschzustand, in einem traumähnlichen Bewusstsein. Die Geheimnisse, die sie zu Ohren bekamen, überstiegen zunächst ihr Fassungsvermögen. Sie konnten sie nur mit einem traumähnlichen Bewusstsein in sich aufnehmen. Erst an Pfingsten sollten diese bis in ihr Tagesbewusstsein vordringen.

Ein Schlusswort mit gewichtiger Aussage

Die Tatsache, dass in jenen vierzig Tagen viel zwischen dem Christus und seinen Jüngern besprochen wurde, können wir sogar der Bibel entnehmen. Johannes berichtet uns in seinem Evangelium: „Es sind auch viele andere Dinge, die Jesus getan hat; so sie aber sollten eins nach dem andern geschrieben werden, achte ich, die Welt würde die Bücher nicht fassen, die zu schreiben wären.“[137] Mit dieser bedeutenden Aussage beschließt Johannes sein Evangelium.

Die Geheimnisse, auf die sich Johannes bezieht, sind (unter anderem) die Erkenntnisse, die der Christus in seinen täglichen Gesprächen mit seinen Jüngern während jener vierzig Tage seines irdischen Lebens – von der Auferstehung bis zur Himmelfahrt – teilte. Die Tatsache, dass die Geheimnisse, die der Christus mit seinen Jüngern teilte, überwältigend waren, veranschaulicht Johannes mit dem Bild, dass die Welt die Bücher mit allen Aufzeichnungen davon nicht fassen könnte.

Die Himmelfahrt

Am 40. Tag nach der Auferstehung verließen die Jünger die traumähnliche Atmosphäre des Hauses, in dem sie lebten, und gingen zusammen mit den Essenern, die in jenen Tagen nach Jerusalem gekommen waren, auf den Ölberg. An jenem Tag – zehn Tage vor dem Wochenfest [jüdisches Erntefest] – unternahmen die Essener alljährlich eine esoterische Pilgerwanderung auf den Gipfel des Ölbergs. Als sie dort oben auf dem Ölberg angekommen waren, erschien plötzlich der Christus in ihrer Mitte. Und dann passierte es, völlig unerwartet. Lukas sagt: „Und da er solches gesagt, ward er aufgehoben zusehends, und eine Wolke nahm ihn auf vor ihren Augen weg."[138]

Die Jünger verstanden nicht, was geschah: Sie schauten zu, sahen, wie der Christus immer größer wurde, wie er gleichsam aufzusteigen und dabei zugleich in die himmlischen Sphären hinaufzufließen schien. Es war, als würde er eins mit diesen Sphären werden und mit ihnen verschmelzen. Noch völlig unter Schock und ganz verwirrt, sahen sie plötzlich zwei Engel stehen. Diese sagten zu den Jüngern: „Dieser Jesus, welcher von euch ist aufgenommen gen Himmel, wird wieder kommen, wie ihr ihn gesehen habt gen Himmel fahren."[139]

Was war dort nun eigentlich passiert? Der Christus stieg in die ätherische Welt auf, die die Erde wie eine Hülle umgibt und den Lebenskraftkörper (das geistige Kraftfeld) der Erde bildet. Erst von der ätherischen Welt aus kommt man in die Astralwelt und von dort aus ins Devachan. Doch der Christus blieb in der ätherischen Welt und trat nicht in die Astralwelt ein.

Matthäus beendet sein Evangelium mit folgenden Worten: „Siehe, ich bin bei euch alle Tage bis an der Welt Ende."[140] Weil diese Aussage vom auferstandenen Christus selbst stammt, und weil Matthäus sein Evangelium mit diesen Worten beschließt, haben diese im Laufe der Jahrhunderte viel Beachtung gefunden. Es sind Worte, die im Grunde die Möglichkeit ausschließen, dass der Christus die Erde (bei der Himmelfahrt) verlassen hat. Wie ist das möglich? Wir können sagen, dass der Christus die Erde gar nicht verlassen hat, sondern dass er sich mit der ätherischen Welt, die die Erde umhüllt, verbunden hat und deshalb seitdem ein Teil der Erde ist, und zwar ihr geistiger Körper oder Lebenskraftkörper.

Dies wird auch deutlich, wenn wir erkennen, dass „die Wolke, die ihn aufnahm vor ihren Augen weg", ein Symbol für die ätherische Welt ist. Man denke beispielsweise an den Ausdruck: „Eine Wolke zieht vor den Himmel." Diese Wolke ist eindeutig etwas anderes als der Himmel selbst – sie symbolisiert die feinstoffliche Welt. Auch das griechische Wort für Himmel, „ouranos", das im Bibeltext verwendet wird, ist nichts anderes als ein Hinweis auf die ätherische Welt.[141] Der Begriff „Himmelfahrt" führt zu Missverständnissen, und das schon seit Jahrhunderten.

Wir können die Ereignisse, die bei der Himmelfahrt stattgefunden haben, mit dem Tod eines Menschen vergleichen. Schließlich ging mit der Himmelfahrt das irdische Leben des Christus, das nur vierzig Tage dauerte, zu Ende. Doch während ein Mensch beim Tod zunächst in die ätherische Welt und nach drei Tagen in die Astralwelt eintritt, ist das beim Christus anders: Er blieb in der ätherischen Welt und ist dadurch weiterhin mit der Erde verbunden.

All dies ist gar nicht so schwer zu verstehen, wie es vielleicht auf den ersten Blick scheint; denn ein Mensch beginnt mit dem Tod eine Reise, die ihn letztendlich wieder nach Hause ins Devachan bringt. Der kosmische Christus jedoch war gerade deshalb aus dem Devachan herabgestiegen, um sich mit der Erde zu verbinden. Am Karfreitag verband er sich durch sein Blut mit der Erde, am Karsamstag wurde sein Leib der Erde einverleibt, und an Christi Himmelfahrt verband sich der Christus mit der geistigen Sphäre der Erde.

Vierzig Tage

Die Zahl 40 hat eine tiefe Bedeutung: Das Volk Israel zog vierzig Jahre durch die Wüste von Ägypten, wo es gefangen gehalten wurde, nach Palästina, wo es seine Existenzgrundlage fand. So wurde die Zahl 40 zum Symbol für einen Prozess des Übergangs und der Transformation – von der Sklaverei zur Freiheit. Wir kennen auch die 40 Fastentage, die dem Osterfest vorausgehen. In diesem Fall ist die Zahl 40 ein Symbol für eine Phase der Vorbereitung. Die vierzig Tage zwischen der Auferstehung und der Himmelfahrt können daher sowohl als Transformation als auch als Vorbereitung auf die Einswerdung des Christus mit der ätherischen Welt betrachtet werden. In der Vergangenheit machten die Kirchenväter Christi Himmelfahrt zu einem Feiertag: Sie spürten intuitiv – aber ohne es verstehen zu können – dass Christi Himmelfahrt ein wichtiges, ja sogar entscheidendes Ereignis war. Sie konnten beschließen, Christi Himmelfahrt zu einem Feiertag zu machen, weil sie vom Geist geführt und dazu inspiriert wurden.

Emil Bock schreibt dazu: „Die große, aufopferungsvolle Verwandlung, die der Auferstandene (bei der Himmelfahrt) in sich selbst vollzog, war der Übergang von der besonderen geistig-körperlichen Gestalt in die geistig-körperliche Allgegenwart.“[142] Wir könnten daher Himmelfahrt auch als „das Fest der ständigen Verbindung des Christus mit der Erde“ bezeichnen.

Die Wiederkunft Christi

Beachtenswert sind die oben zitierten Worte, die die Engel bei der Himmelfahrt zu den Jüngern sprachen: „Dieser Jesus, welcher von euch ist aufgenommen gen Himmel, wird kommen, wie ihr ihn gesehen habt gen Himmel fahren.“

Diese Worte beziehen sich auf die Rückkehr des Christus, die „Wiederkunft Christi“, wie dieses Ereignis in der kirchlichen Tradition immer genannt wurde. Es wird – wie diese Worte deutlich machen – einst eine Zeit kommen, in der die Menschen das Gegenteil dessen erleben dürfen, was die Jünger an Himmelfahrt erlebt hatten. Sie, die Jünger, sahen, wie der Christus in die feinstoffliche Welt überging und sich ihren Blicken entzog. Ihre hellseherischen Kräfte waren nicht stark genug, um ihm noch weiter folgen zu können. Doch eines Tages werden die Menschen sehr wohl über die hellseherischen Fähigkeiten verfügen, die es ihnen ermöglichen werden, den Christus als feinstoffliche Erscheinung wahrzunehmen. Die Zeit, in der das möglich sein wird, ist sogar schon angebrochen: Seit der zweiten Hälfte des letzten Jahrhunderts gibt es immer wieder Berichte von Menschen, die sagen, sie hätten den (feinstofflichen) Christus sehen dürfen. Um genau zu sein: Seit den 1930er Jahren wurde dies möglich.[143] In Kapitel 24 berichte ich ausführlicher darüber.

So, wie die Himmelfahrt im Grunde keine Himmelfahrt ist, sondern der Tag, an dem der Christus mit dem geistigen Ätherleib der Erde eins wurde, so ist auch die sogenannte Wiederkunft Christi im Grunde keine Rückkehr Christi zur Erde. Es bedeutet, dass die Menschen endlich imstande sein werden, ihn mit neuer Hellsichtigkeit in der ätherischen Welt wahrzunehmen. Auch darin können wir die fortschreitende – und ganz neue – Entwicklung ablesen, die an Ostern begann und dazu führt, dass der Christus den Menschen in unserer heutigen Zeit immer öfter erscheinen wird. In den nächsten 3.000 Jahren werden immer mehr Menschen diese Fähigkeit besitzen und den Christus sehen dürfen. Wer dies erfahren darf, wird zum Wissenden. Der Glaube weicht der Erkenntnis und dem Wissen.

23.

Pfingsten

Waisensonntag

In der kirchlichen Tradition wird der Sonntag zwischen Himmelfahrt und Pfingsten, „Exaudi", „Waisensonntag" genannt. Er bezieht sich auf die tiefe Einsamkeit, die die Jünger Christi in jenen zehn Tagen zwischen Himmelfahrt und Pfingsten empfunden haben müssen. Die Apostel und viele andere Jünger – nicht nur Männer, sondern auch Frauen wie Maria, Maria Magdalena und Martha – waren nach den schockierenden Ereignissen der Himmelfahrt in das Ordenshaus der Essener zurückgekehrt. Das hatte ihnen der Christus selbst so aufgetragen. Dort blieben sie zehn Tage lang zusammen, niedergeschlagen, verwirrt und mit dem Gefühl, dass der Christus sie im Stich gelassen hatte.

Zuerst mussten sie ihren geliebten Meister loslassen, als er gefangen genommen, gekreuzigt und durch den Tod gegangen war. Dann, nach drei Tagen, durften sie ihn wiederfinden, obwohl er ein ganz anderes Wesen geworden war. Doch daraufhin, an Himmelfahrt, hatte er sie ihrem Empfinden nach schon wieder im Stich gelassen. Zwar hatte er ihnen angekündigt, dass er wieder zu ihnen zurückkehren würde, aber das waren Worte, die sie nicht verstehen konnten: „Ich gehe hin und komme wieder zu euch."[144]

Während jener zehn Tage sprachen sie endlos miteinander und versuchten, den Sinn und Zweck von allem, was geschehen war, zu verstehen. Sie sannen sozusagen über alles, was Christus ihnen in den vorangegangenen vierzig Tagen gesagt und erklärt hatte, nochmals nach. Es waren vor allem Maria und Maria Magdalena, die ihnen halfen zu verstehen, was genau denn nun tatsächlich geschehen war und warum.

Noch immer befanden sich die Jünger in dem Traumzustand, in dem sie sich seit dem Abend der Gefangennahme Jesu Christi befunden hatten. Es war, als hätten sie ihr Ich oder sich selbst verloren und würden noch immer unter Schock stehen. Doch was sie in jenen Tagen am meisten vermissten, war die mächtige, wärmende und so inspirierende Ausstrahlung des Christus. Deshalb fühlten sie sich auch so hoffnungslos verloren.

Das Wunder von Pfingsten

Zehn Tage nach Himmelfahrt, also sieben Wochen nach Ostern, wurde das jüdische Wochenfest gefeiert. Ursprünglich war dies ein Erntefest, bei dem die ersten Gaben der Ernte Gott dargebracht wurden. Später feierte man mit diesem Fest vor allem den Erhalt der Tora, des jüdischen Gesetzes, insbesondere die Übergabe der Zehn Gebote auf dem Berg Sinai.

Für dieses Fest waren die Essener, wie wir im vorigen Kapitel erfahren haben, zehn Tage vorher nach Jerusalem gekommen. Diese zehn Tage waren als Vorbereitung für das so bedeutende Wochenfest notwendig. Zu dieser Vorbereitung gehörten vor allem Stille und Meditation. Um sich mit dem großen Geschenk des Gesetzes – den göttlichen Geboten – verbinden zu können, mussten sich die Essener vorbereiten, damit sie diese Gebote in der richtigen Stimmung in ihre Seelen aufnehmen konnten.

In der letzten Nacht vor dem Fest hielten die Anwesenden im Ordenshaus der Essener – die Jünger Christi und die anwesenden Essener – eine Nachtwache, die die ganze Nacht andauerte und in Stille und Meditation verbracht wurde. In jener Nacht spürten die Anwesenden, wie eine gewisse Erwartung von ihren Seelen Besitz ergriff. Das Geschenk des Gesetzes, so erkannten sie, war ein großes Geschenk, das ihr Leben bestimmen würde. Jedes Jahr am Wochenfest war es, als würde ihnen das Gesetz neu geschenkt werden.

Dann geschah es – und zwar genau in dem Augenblick, als die ersten Sonnenstrahlen das tiefe Dunkel der Nacht durchbrachen: Der Geist kam auf die Jünger herab. Lukas sagt: „Und es geschah schnell ein Brausen vom Himmel wie eines gewaltigen Windes und erfüllte das ganze Haus, da sie saßen. Und es erschienen ihnen Zungen, zerteilt, wie von Feuer; und er setzte sich auf einen jeglichen unter ihnen; und sie wurden alle voll des Heiligen Geistes und fingen an, zu predigen mit anderen Zungen, nach dem der Geist ihnen gab auszusprechen."[145]

Er ist zurückgekehrt!

Doch was genau haben die Jünger gesehen und erlebt? Sie spürten und hörten so etwas wie eine heftige Windböe, die durch das Haus wehte. Wie bezeichnend! Das griechische Wort „pneuma" bedeutet sowohl Wind als auch Geist. Die Jünger wussten das wahrscheinlich. Aber wie dem auch sei – sie spürten, dass es der Geist war, der sich mit diesem Windstoß ankündigte. Sie beobachteten auch gegenseitig (sie nahmen es „schauend" wahr, wie die Bibel sagt, also vor ihrem geistigen Auge), dass Flammen wie Feuerzungen auf ihre Köpfe herabkamen.

Nun ist das Feuer ja das Symbol des Geistes (deshalb trägt der Priester an Pfingsten beim Gottesdienst in der Kirche übrigens eine rote Stola in der Farbe des Feuers). So kam der Geist also auf jeden Einzelnen der Anwesenden herab. Doch wie vielsagend das auch war, es war nicht eine Feuerflamme oder ein Geist, der sie alle auf einmal bewegte und berührte. Nein, jeder von ihnen empfing den Geist, auf jeden von ihnen kam eine Feuerflamme herab. So begann hier zu Pfingsten die große Entwicklung, die den Menschen unabhängig machen, ihn in ein freies, selbstbewusstes Individuum verwandeln sollte.

Die Jünger spürten, wie sie vom Wind und durch die Feuerzungen – und damit vom Geist – berührt wurden, und was tief in ihrem Inneren alles mit ihnen geschah. Sie spürten, wie sie augenblicklich zu einem anderen Menschen wurden. Sie spürten, wie der Schleier, der sie seit der Gefangenschaft Jesu Christi in Gethsemane in einem traumähnlichen Bewusstsein gehalten hatte, beiseitegenommen wurde. Und plötzlich verstanden sie alles. Sie wussten und verstanden es mit großer Klarheit. Auf all die Fragen nach dem „Warum", die ihnen in den letzten Tagen und Wochen durch den Kopf gegangen waren, wussten sie plötzlich die Antwort.

Aber noch bedeutsamer war Folgendes: Sie spürten, dass dieser Geist der Klarheit, der über sie gekommen war, der Geist Christi selbst war. Sie erlebten, wie wahr es war, was er gesagt hatte: Er würde wiederkommen. Sie begriffen: „Er ist zurückgekehrt, doch nun in unserem Inneren." Jeder von ihnen machte auf seine ganz persönliche Weise die Erfahrung: „Der Auferstandene ist in mein Inneres zurückgekehrt. Er lebt, und er bleibt für immer bei mir, so wie er es versprochen hat."

Am Karfreitag und Karsamstag hatte sich der Christus mit der Erde vereinigt. Sein Blut und sein Leib wurden in der Erde aufgenommen. Bei der Himmelfahrt hatte sich der Christus mit der ätherischen Welt vereinigt – mit dem Lebenskraftkörper der Erde. Nun, an Pfingsten, vereinigte sich der Christus mit den Menschen: Sein Geist stieg in ihre Seele und in ihr Ich nieder.

Wieder stellen wir fest, dass Ostern den großen Wendepunkt darstellt. Christus verbindet sich zuerst mit der Erde, dann mit den geistigen Kräften der Erde und schließlich mit den Menschen selbst. Er zieht am Pfingstfest in ihre Seelen (und in ihr Ich) hinein, denn nur dort konnten sich die Menschen ihrer selbst bewusst werden. Durch diese so besondere und so neuartige Entwicklung konnte ein völlig neuer Prozess in Gang gesetzt werden, der in der Theologie immer als „Neuschöpfung" bezeichnet wird. Obwohl seit der Auferstehung Christi schon viel geschehen ist, befinden wir uns noch immer in der ersten Phase dieser Neuschöpfung – und es erfordert all unser Bemühen, um dieser Neuschöpfung weitere Gestalt zu geben.

Wir haben bereits festgestellt, dass Jesus von Nazareth so sehr darunter litt, dass die Menschen die lebendige Verbindung zur geistigen Welt zunehmend verloren. Sie waren, so sagte er, wie Schafe ohne einen Hirten. Diese Beobachtung hatte in ihm eine tiefe Trauer ausgelöst, die er nur mit seiner Mutter Maria hatte teilen können. Seitdem lebte er in tiefer Sorge darüber, wie es mit den Menschen weitergehen würde, wenn sie überhaupt keine Führung mehr erhielten, weder von den Engeln noch von den Eingeweihten.

An Pfingsten dürfen wir feiern, dass diese quälende Frage beantwortet wurde – und zwar vom Christus selbst. Dank des Geschenkes des Geistes wurde den Menschen wieder die Möglichkeit gegeben, eine lebendige Verbindung mit der geistigen Welt aufzubauen. Jeder Mensch, der sich in seinem Innersten dem Geist öffnet und bereit ist, an der weiteren Entwicklung der Geisteskraft mitzuwirken, die von diesem Geist ausgeht, wird diese neue Verbindung, die voller Lebenskraft steckt, mit der geistigen Welt erleben.

Das Geschenk des höheren Selbst

Wie können wir nun am besten zusammenfassen, was vor 2.000 Jahren an Pfingsten geschah? Wir können sagen, dass der Pfingstgeist, den die Jünger empfangen durften – auch Heiliger Geist genannt, der Geist, der von Christus ausgeht – sie (und uns) befähigte, sich mit ihrem höheren Selbst zu verbinden.

Im Laufe der Evolution wurden dem Menschen viele Gaben aus der geistigen Welt mitgegeben. Bei der ersten Inkarnation von Mutter Erde, dem Alten Saturn, erhielt er (den Keim für) seinen physischen Körper. Bei der zweiten Inkarnation, der Alten Sonne, erhielt er seinen Ätherleib. Bei der dritten Inkarnation von Mutter Erde, dem Alten Mond, erhielt er seinen Astralleib. Bei der vierten Inkarnation von Mutter Erde, der jetzigen Erde, wurde ihm bislang sein Ich gegeben – und zwar der Teil seines Ichs, der an seinen physischen Körper gebunden ist, also sein niederes Ich.

Sein höheres Ich oder höheres Selbst blieb bisher allerdings unerreichbar. Der Mensch war nicht imstande, aus eigener Kraft in die geistige Welt aufzusteigen, um sich dort, wo unser höheres Selbst lebt, mit dieser gewaltigen Kraft zu verbinden. Daher war der kosmische Christus selbst auf die Erde herabgestiegen, um die Menschen durch die Gabe seines Geistes zu befähigen, sich mit ihrem höheren Ich zu verbinden und dadurch zu Wesen der wahren Liebe zu werden.

Wenn die Menschen, dank des Geistes, spüren würden: „Christus lebt in mir", dann wären sie imstande, sich aus ihrem tiefsten Wesen heraus wieder mit der göttlichen Welt zu verbinden – und damit auch mit ihrem höheren Selbst.

Diese Gabe ist seit Pfingsten jedem Menschen gegeben worden, ob er nun gläubig ist oder nicht. Der Geist lebt in jedem Menschen. Jeder Mensch darf dank dieser Gabe eine lebendige Verbindung zur geistigen Welt entwickeln.

Die Verwandlung, die der Geist bewirkt

Der Geist, der als Christus-Impuls von Christus ausgegangen ist und den wir Menschen an Pfingsten vor 2.000 Jahren empfangen haben, ist ein kraftvoll wirkender Geist, der uns reich beschenken will:

1. Der Geist hilft uns, einen Schritt hin zu einer höheren Denkweise zu tun – zu einem geistigen Denken. Dadurch befreit er uns von dem einengenden und so einschränkenden „Kopfdenken", das nur Augen für die Materie hat und nur glauben kann, was die Materie uns zu sagen hat. Wer sich dem Wirken des Geistes öffnet, wird ganz natürlich erleben dürfen, wie dadurch eine andere, höhere Denkweise möglich wird.
2. Der Geist schenkt uns die Fähigkeit zu sprechen: Er hilft uns, Worte zu finden, die anderen die tiefste Wahrheit und die großen Geheimnisse unserer Zeit deutlich machen können. Zum Beispiel die Möglichkeit, den Christus mit den geistigen Augen zu sehen, doch beispielsweise auch, was die Kraft der wahren Liebe bewirken kann.
3. Außerdem schenkt uns der Geist ein Gespür dafür, was wahr und was falsch ist – und das ist wahrlich ein großes Geschenk.
4. Der Geist ist eine Kraft der wahrhaftigen, höheren Liebe. Durch diese Liebe sind wir imstande zu fühlen, was in einem anderen Menschen vorgeht und ihn bewegt. Diese Liebe ermöglicht es uns auch, Mitgefühl für die Lebenslektionen zu entwickeln, mit welchen unser Gegenüber konfrontiert ist. Dank der Gabe des Geistes waren die Apostel fähig geworden, anderen die Hand aufzulegen

und sie zu heilen. Auch wir können mit der Kraft dieser höheren Liebe anderen Verständnis und Heilung bescheren – das bewirkt die Liebe, die vom Geist in uns ausgeht.

5. Der Geist schenkt uns auch leidenschaftliche Begeisterung und Inspiration. Die Flamme des Geistes verbindet sich mit unserem Blut und macht diese Begeisterung und diese Inspiration möglich. Dank dieser Begeisterung kann ich auch dieses Buch schreiben!

„So sehen wir“, schreibt Margarete van den Brink, „wie der Christus-Geist Schritt für Schritt über den Kopf, die Kehle, das Herz und das Blut in das Innere der Apostel hinabstieg und so durch sie hindurch bis in ihre Hände hinein wirksam wurde.“[146]

Wir haben weiter oben erfahren, dass Pfingsten am Tag des Wochenfestes stattfand, an dem die Übergabe des Gesetzes oder der Zehn Gebote gefeiert wurde. Das Geschenk, das die Jünger an Pfingsten empfangen durften, die Gabe des Geistes, enthält auch den Keim unseres Gewissens. Das Gewissen wird mehr und mehr den Platz des Gesetzes und der Gebote einnehmen. Doch um das Gewissen in uns selbst zu aktivieren, ist es notwendig, den Weg des geistigen Wachstums zu gehen – den Einweihungsweg. Nur so werden wir erleben dürfen, dass wir zwar die natürliche Verbindung zur Welt der Gesetze und Gebote verlieren, dass jedoch etwas anderes an ihre Stelle tritt – eine zunehmende Gewissenskraft.

An uns selbst arbeiten

Für unsere heutige Zeit ist auch das Folgende besonders wichtig: Wir haben gesehen, wie der Mensch allmählich beginnt, zu einem Individuum, zu einer freien und selbstbewussten Persönlichkeit zu werden. Doch dieser zunehmende Individualismus hat auch eine Kehrseite, die wir in unserer heutigen Zeit immer deutlicher spüren. Er macht die Menschen egoistisch. Zudem verzeichnet man einen zunehmenden Sittenverfall sowie eine größere Abgestumpftheit und kaltblütige Gleichgültigkeit. Jeder, der die Nachrichten im Fernsehen und in den Zeitungen verfolgt, erlebt diesen Abwärtstrend täglich.

Deshalb ist es notwendiger denn je, dass die Menschen sich der tiefen Bedeutung von Pfingsten bewusst werden, nämlich der Tatsache, dass der Geist, der von Christus ausgegangen ist und in uns lebt, uns helfen will, dieser so negativen Entwicklung entgegenzuwirken und sie ins Positive zu wenden. Dazu müssen wir an uns selbst arbeiten. Wir müssen Selbsterkenntnis entwickeln und lernen, wie wir Schritt für Schritt sanfte, verantwortungsvolle und mitfühlende Menschen werden können. Die Fähigkeit, dies zu tun, lebt in uns: Der Geist, der von Christus ausgeht. Jetzt müssen wir lernen, diese geistigen Kräfte zu aktivieren. Auch im Bildungswesen sollte diesem Aspekt viel mehr Raum gegeben werden: Wie wir an uns selbst arbeiten können.

Wir haben weiter oben bereits festgestellt, dass die Apostel Jesu Christi in einem früheren Leben zwei Gruppen von Brüdern bildeten – sieben Brüder und fünf Brüder. In ihrem nächsten Leben als Apostel Jesu Christi kamen sie aus vielen verschiedenen Familien, als einzelne Individuen. Jetzt waren sie nicht mehr durch Blutsbande miteinander verbunden, sondern es war (ihre Liebe zu) Christus, der sie zu einer neuen Gemeinschaft formte, zu einer geistigen Gemeinschaft.

Darin können wir einen deutlichen Hinweis auf den Übergang von einem Leben im Umfeld von Blutsverwandten, und folglich von einem Leben als Gruppenwesen, hin zu einem Leben als Individuum in der Sphäre des Geistes – und damit der Liebe – sehen. Das Blutsband hält uns nicht mehr. Wir können von der Gruppe (irgendeiner beliebigen Gruppe) keinen Halt mehr erwarten. In der heutigen Zeit müssen wir diesen Halt aus unserem Inneren schöpfen – und zwar aus der Kraft des Geistes. Das erfordert, dass wir an uns selbst arbeiten, Selbsterkenntnis gewinnen und die Liebe des Geistes in uns zur Entfaltung bringen. Jetzt liegt es an uns selbst!

Vielleicht könnte man sagen, dass Pfingsten das wichtigste Fest unserer Zeit ist. Die Gabe des Geistes, die von Christus ausgeht, ermöglicht eine neue Entwicklung, die Entwicklung des Gewissens, einer wachsenden, höheren Kraft der Liebe in uns selbst, einer zunehmenden Erkenntnis und einem intuitiven Gespür für das, was wahr ist. Von allen christlichen Festen ist das Pfingstfest das Fest, das bisher am wenigsten verstanden wurde, obwohl wir dieses Fest gerade jetzt so dringend brauchen!

24.

Das fünfte Opfer Christi

Zu früh geboren

Paulus – der große Verkünder Christi im ersten Jahrhundert – bezeichnete sich selbst als einen zu früh Geborenen „unzeitiger Geburt".[147] In seinem Brief an die Korinther zählt er auf, wem der Christus nach seiner Auferstehung nacheinander erschienen ist: Zuerst dem Petrus, dann den zwölf Aposteln, daraufhin mehr als 500 Brüdern (Essenern), dann dem Jakobus und schließlich allen Aposteln. Sie alle durften den auferstandenen Christus sehen, bevor er sich bei der Himmelfahrt den Blicken der Menschen entzog und in die ätherische Welt hinüberging.

Dann schreibt Paulus: „Am letzten ist er auch von mir, einer unzeitigen Geburt, gesehen worden." Das ist schon eine bemerkenswerte Aussage. Paulus ist, so sagt er, einerseits der Letzte einer langen Reihe von Menschen, welchen Christus erschienen ist, andererseits jedoch ist ihm der Christus zu früh erschienen. Warum zu früh, und was meint Paulus damit? Wann immer Rätsel dieser Art in der Bibel auftauchen, stoßen wir auf esoterische Geheimnisse, die für die Menschen der damaligen Zeit (außer für Eingeweihte) unverständlich waren und deshalb nur auf eine solch rätselhafte Weise angedeutet werden konnten.

Paulus nennt sich selbst einen zu früh Geborenen „unzeitiger Geburt“, weil er zu seiner Zeit schon etwas miterleben durfte, was andere erst viel später erleben sollten: Eine Erscheinung Christi nach dessen Himmelfahrt, aus der ätherischen Welt heraus. Der Christus erscheint Paulus also in einer ganz anderen, neuen Weise, nicht mehr als der Auferstandene in seinem Auferstehungsleib, sondern nun in den Ätherleib eines Erzengels gekleidet. Dieses Geschenk des Erzengels machte es möglich, dass Christus dem Paulus aus der ätherischen Welt heraus erscheinen konnte. Das ist aber auch der Grund dafür, weshalb Paulus ihn anfangs nicht erkennt.

Er war auch tatsächlich ein zu zeitig Geborener, denn eine solch besondere Erscheinung ist erst in unserer heutigen Zeit möglich – das Erscheinen Christi aus der ätherischen Welt heraus. Paulus durfte etwas erleben, was andere Menschen erst ab der Mitte des 20. Jahrhunderts erleben können und dürfen. Er durfte dies tun, um uns, die wir in der heutigen Zeit leben, zu verdeutlichen, dass eine solche Erscheinung Christi möglich ist und immer öfter vorkommen wird.

Die Gefahr, dass wir verschlafen

Weiter oben haben wir bereits erfahren, dass das Kali-Yuga oder das Eiserne Zeitalter im Jahr 1899 endete. Bis zu jenem Jahr war die geistige Welt für die Menschen etwa 5.000 Jahre lang immer unzugänglicher geworden. Doch ab 1899 brach eine neue Ära an, in der es den Menschen allmählich wieder möglich wurde, eine Verbindung zur geistigen Welt herzustellen. Sie sollten und werden Engel sehen dürfen, ebenso wie den ätherischen Christus, und sie werden eine dauerhafte Verbindung mit ihren verstorbenen Lieben erleben – und einige von uns machen bereits solche Erfahrungen. Diese Entwicklung beginnt ganz allmählich und wird im Laufe der nächsten 3.000 Jahre immer deutlicher ans Licht treten.

Rudolf Steiner sagte schon im Jahr 1910, dass ab Mitte des 20. Jahrhunderts die ersten Begegnungen mit dem ätherischen Christus zu vermelden sein würden. Und er hatte Recht. Vor allem aus den Konzentrationslagern in Deutschland und Polen und den japanischen Lagern in Indien (dem heutigen Indonesien) wurden viele solcher Erfahrungen an uns weitergegeben.[148]

Allerdings müssen wir sehr wachsam sein, denn es sind derzeit auch Kräfte am Werk, die das Bewusstsein für diese Entwicklung stören wollen. Kräfte, die sagen, dass eine solche Erfahrung oder Erscheinung eine Fantasie, eine Wahnvorstellung oder was auch immer ist, nicht jedoch die Realität. Es gibt auch immer mehr Menschen, die nur noch an das glauben, was sich beweisen, messen und logisch erklären lässt. Alles andere lehnen sie als Unsinn ab. In meiner Arbeit als Rundfunkseelsorger (als ich öffentlich über solche Erfahrungen sprach) habe ich festgestellt, wie stark diese negativen Kräfte sind. Menschen, die es wagen, über spirituelle Wahrnehmungen zu sprechen, werden oft ausgelacht und verspottet. Dies ist jedoch nichts anderes als ein großes Desaster. Rudolf Steiner bezeichnet das Erscheinen des ätherischen Christus als das wichtigste Ereignis unserer Zeit. Es wäre eine Katastrophe für die weitere Entwicklung der Menschheit, wenn wir dieses Ereignis, wie er es formulierte, sozusagen „verschlafen" und Christus nicht erkennen würden.

Die beiden Geschenke Christi

Das Erscheinen des ätherischen Christus ist mit einem weiteren Geschenk verbunden, das er uns gemacht hat. So ließ Christus nach seinem Tod und seiner Auferstehung seinen Ätherleib in der ätherischen Welt zurück. Im Gegensatz zum Ätherleib eines „normalen" Menschen zerfiel dieser Körper nach seinem Tod nicht und löste sich in der Ätherwelt nicht auf, sondern blieb völlig intakt. Das liegt daran, dass die Christus-Energien auch diesen Körper (genau wie den physischen Körper) in eine höhere Existenzform transformiert hatten.

Der Ätherleib Jesu Christi wirkt nun als (Geistes-)Kraft in der ätherischen Welt und enthält, wie jeder Ätherleib, sämtliche Erinnerungen. Bedenken Sie, dass wir, wenn wir gestorben sind, in den ersten drei Tagen alle Ereignisse des abgeschlossenen irdischen Lebens noch einmal zu sehen bekommen, weil sie sich dann aus dem Ätherleib lösen. Der Ätherleib Christi enthält alle Erinnerungen, die Jesus Christus auf Erden gesammelt hatte.

Nachdem sich der Vorhang zur geistigen Welt seit 1899 nun wieder öffnet, wird es in Zukunft möglich sein, auch eine innere Verbindung zu dieser Kraftquelle zu bekommen – und damit zu all den Erinnerungen, die sie enthält. Rudolf Steiner nennt diesen Ätherleib wegen dieser besonderen Erinnerungen auch gern „das Fünfte Evangelium". Einige von uns dürfen bereits in diesem Leben eine erste Verbindung zu dieser Kraftquelle herstellen, doch für die meisten von uns wird dies erst in einem der nächsten Leben möglich sein.

Außerdem ließ Christus nach seinem Tod seinen Astralleib in der Astralwelt zurück. Auch dieser Körper blieb vollständig intakt. Er enthält Bilder von der Zukunft der Erde und der Menschheit und wird daher „die Ewige Apokalypse" genannt. Wir dürfen annehmen, dass Johannes auf Patmos aus dieser Quelle schöpfte, als er sein letztes Buch der Bibel, die „Offenbarung", schrieb. Christian Rosenkreutz ist der Hüter dieses Körpers und damit dieser Quelle der Erkenntnis. In der „Ewigen Apokalypse" können wir lesen, was in Zukunft alles geschehen muss, um den göttlichen Plan zu verwirklichen.

Auch diese Quelle der Erkenntnis wird dem Menschen zugänglich werden, und zwar in 3.000 Jahren, wenn der Christus von der ätherischen Welt in die astrale Welt übergehen wird. Wer sich in der Zeit, die dann anbricht – und die noch weit vor uns liegt – mit dem astralen Christus verbinden wird, wird die „Ewige Apokalypse" wahrnehmen dürfen und sogar lesen können.

Wir sehen also, welch eine großartige Zukunft vor uns liegt. Zunächst dürfen wir in diesem und in den kommenden Leben Erfahrungen mit der geistigen Welt sammeln und uns allmählich immer mehr mit dem Fünften Evangelium verbinden. (Viele der uns von Rudolf Steiner überlieferten Erkenntnisse stammen aus dieser Quelle). Aber in 3.000 Jahren werden wir in den Leben, die wir dann auf der Erde verbringen dürfen, die „Ewige Apokalypse" lesen und verstehen dürfen.

Die Herabkunft Christi in die ätherische Welt

Nach der Auferstehung hat der Christus seine göttlichen Fähigkeiten nicht mehr zurückgehalten oder abgelegt, sondern diese wieder in ihrer ganzen göttlichen Kraft aktiviert und frei und ungehindert wirken lassen. Das bedeutet, dass er seither als göttliches Wesen allgegenwärtig ist: Er ist hier und dort zugleich. Auf der Erde ist der Mensch immer entweder hier oder dort. Der Christus ist allgegenwärtig. Das bedeutet, dass er in der ätherischen Welt lebt und wirkt, aber zugleich auch in den höheren Welten wirksam sein und somit sozusagen in die ätherische Welt „hinabsteigen" kann. Deshalb kann Rudolf Steiner auch sagen, dass der Christus einerseits seit der Himmelfahrt auf der Erde und in der ätherischen Welt lebt, dass er andererseits jedoch im 19. Jahrhundert aus den höheren Welten in die ätherische Welt herabgestiegen ist, um von dort aus den Menschen erscheinen zu können. Er ist ja schließlich allgegenwärtig.

In jenem 19. Jahrhundert – um 1842 – stieg der große Erzengel Michael in die ätherische Welt hinab. Dort lieferte er sich einen geistigen

Kampf mit Ahriman, dem dunklen Wesen, das in der Bibel als Satan bezeichnet wird. Im Jahr 1879 endete dieser Kampf mit dem Sieg Michaels. Er verbannte daraufhin Ahriman auf die Erde, woraufhin dieser sich tief im Erdinneren niederließ und seitdem von dort aus die Menschen beeinflusst, insbesondere ihren Ätherleib. (Eine Anmerkung dazu am Rande: Aus diesem Grunde war es so wichtig, dass auch der Christus bei seinem *Abstieg in die Hölle* bis in das Herz der Erde hinabstieg und vom Erdkern aus tätig wurde.)

Als Michael 1879 den Kampf mit Ahriman gewonnen hatte, begann seine Aufgabe als Führer der Menschheit: 350 Jahre lang darf er (seit 1879) die Menschheit führen und inspirieren.[149] Wenn wir nun wissen, dass Michael immer wieder den Weg für den Christus ebnet, wird es verständlich, dass Christus nach 1879 in die ätherische Welt hinabstieg, um von dort aus, eingehüllt in den Ätherleib eines Erzengels, den Menschen erscheinen zu können. Nach einer Übergangszeit (wir müssen immer wieder im Sinne von Prozessen und allmählichen Entwicklungen denken) wurde das Erscheinen des ätherischen Christus ab den 1930er Jahren möglich. Eingeweihte wie Rudolf Steiner jedoch hatten ihn als Hellsichtige bereits früher sehen dürfen, und zwar schon um 1900.

Das fünfte Opfer Christi

Als der Christus im 19. Jahrhundert in die ätherische Welt hinabgestiegen war, fand er dort eine dunkle, düstere Welt vor. Zwar war Ahriman in die Erde verbannt worden, doch es war immer noch dunkel. Die Atmosphäre dort war beengend und bedrückend. Warum war das so? Weil infolge des aufkommenden materialistischen Denkens immer mehr Menschen nach ihrem Tod ihr materialistisch gefärbtes Denken dort hinterlassen haben; denn wenn wir nach unserem Tod von der Ätherwelt in die Astralwelt weiterreisen, lassen wir sowohl unsere Erinnerungen als auch unser Denken in der Ätherwelt zurück.

Die Verdunkelung der ätherischen Welt hatte bereits im 16. Jahrhundert begonnen. Steiner sprach von einer „Wolke des schwarzen Materialismus“, die Christus im 19. Jahrhundert in der ätherischen Welt vorfand. Wegen dieser dunklen Atmosphäre war es für Christus nicht möglich, in der ätherischen Welt aktiv zu werden. Außerdem konnte er den Menschen von dort aus nicht erscheinen, weil seine Gestalt von dieser dunklen Wolke des schwarzen Materialismus verfinstert war und daher für die Menschen unsichtbar wurde. Nur ein Opfer konnte das ändern.

Etwas Ähnliches war schon einmal geschehen: Beim Tod von Jesus Christus am Kreuz. Man sagt, wenn man zum Zeitpunkt des Todes Jesu Christi vom Weltraum aus auf die Erde geschaut hätte, hätte man etwas ganz Besonderes gesehen. Zuerst hätte man festgestellt, dass die Erde eine dunkle Aura hatte, als ob sie von einer dunklen Hülle umgeben wäre. Das war der Ätherleib der Erde. Es war so dunkel geworden, weil die Menschen in den Jahrhunderten, bevor der Christus vor 2.000 Jahren zur Erde kam, ihre lebendige Verbindung zur geistigen Welt verloren hatten. Deshalb hatten sie nach ihrem Tod eine Atmosphäre der Angst, der Unwissenheit, der Dumpfheit und der Erstarrung in der ätherischen Welt hinterlassen.

Aber man hätte auch beobachten können, wie sich nach dem Tod Jesu Christi diese dunkle Hülle allmählich zu lichten begann, bis die Erde wieder in einem hellen Licht erstrahlt. Das lag daran, dass der Christus-Geist sowohl vom Herzen der Erde aus als auch in der ätherischen Welt tätig wurde und diese Reinigung vollzog. Doch achtzehn Jahrhunderte später hatte sich der Ätherleib der Erde erneut verdunkelt – diesmal als Folge jener immer größer werdenden Wolke des schwarzen Materialismus. Deshalb bedurfte es wieder eines Opfers Christi, um diese Entwicklung umzukehren.

Wir haben bereits festgestellt, dass Christus in Lemuria, zu Beginn und gegen Ende von Atlantis drei Opfer erbracht hatte, um die menschliche Entwicklung sicherzustellen und zu ermöglichen. Sein viertes Opfer brachte er vor 2.000 Jahren auf Golgatha. Durch dieses Opfer konnten die Menschen eine Verbindung zu ihrem höheren Selbst erlangen, und auch die feinstoffliche Atmosphäre der Erde wurde gereinigt. Nun war ein neues Opfer Christi nötig – das fünfte Opfer.

Was bedeutete dieses fünfte Opfer? Als Christus bis in die ätherische Welt hinabstieg, hüllte er sich in den Körper eines Erzengels ein und nahm nach und nach all diesen dunklen Materialismus in sein eigenes Wesen auf. Dies war so heftig und tiefgreifend, dass er in der Folge „einen geistigen Erstickungstod" erlebte – wie Rudolf Steiner dieses Opfer nannte.

Dieses Opfer fand erst vor Kurzem statt. Dank dieses Opfers wurde es für uns möglich, dass wir in unserer Zeit von einer Christus-Erscheinung hören oder auch selbst eine spürbare Verbindung mit ihm erleben können. Noch einmal sehen wir, wie seit der Auferstehung eine völlig neue Entwicklung auf der Erde möglich wird, von der wir ein Teil sind, und die wir durch unser wachsendes Bewusstsein unterstützen dürfen und können.

25.

Was die Zukunft bringen wird

Die Folgen der Erscheinung des ätherischen Christus

Wie wir im vorigen Kapitel gesehen haben, wird sich in den nächsten 3.000 Jahren eine Entwicklung vollziehen, die es immer mehr Menschen – egal welcher Nation, Religion oder Hautfarbe – ermöglichen wird, eine Verbindung zu Christus herzustellen. Sie werden ihn sehen, als innere Stimme hören oder auf andere Weise eine innere Verbindung zu ihm erhalten dürfen.[150] Aus Glauben wird Wissen.

Dank dieser Verbindung mit dem Christus wird der Geist in uns (den wir alle zu Pfingsten und seidem empfangen haben) aktiviert werden. So wird unser Gewissen gedeihen, und wir werden imstande sein, freie, selbstbewusste Menschen zu werden, die von einem inneren Wissen und Gewissen geleitet werden. Durch all diese Gaben wird es uns möglich, das Gruppendenken zu überwinden und uns als freie Individuen auf eine neue Weise miteinander zu verbinden – durch die Kraft der Liebe (und damit des gegenseitigen Verstehens) und die Kraft des Geistes in uns. Beziehungen zu geistigen Brüdern und Schwestern werden zunehmend die Beziehungen zu Menschen ersetzen, mit welchen wir durch Blutsbande verbunden sind.

Diese Entwicklung wird möglich, wenn wir uns des Christus bewusst werden, der uns in unserer heutigen Zeit erscheint oder sich uns auf andere Weise zu erkennen gibt. Aus diesem Grund hat Rudolf Steiner das Erscheinen des ätherischen Christus als das wichtigste Ereignis unserer Zeit bezeichnet. Eine Entwicklung, die erst durch ein fünftes Opfer Christi möglich wurde.

Eine Verbindung zum astralen Christus

Durch das Auftreten des ätherischen Christus und durch das, was er an (und in) uns bewirkt, wird ein neuer Weg der Entwicklung sichtbar. Denn in 3.000 Jahren wird der nächste Schritt auf diesem Weg vollzogen werden. Dann wird der Christus von der Ätherwelt in die Astralwelt aufsteigen. Wir werden dann wieder einen weiteren Prozess durchlaufen, bei dem wir nicht nur eine neue Verbindung zur Ätherwelt, sondern auch zur Astralwelt und somit zum astralen Christus erhalten.

Im vorangegangenen Kapitel haben wir bereits festgestellt, dass in dieser neuen, nächsten Entwicklungsphase eine Verbindung zur Ewigen Apokalypse möglich wird und wir somit Einblick in den göttlichen Plan erhalten werden. Stärker als je zuvor werden wir dadurch imstande sein, zu Mitarbeitern von Christus zu werden. Das bedeutet, dass wir dann gemeinsam mit den Engeln und den großen Meistern bewusst an der Weiterentwicklung der Erde und der Menschheit mitarbeiten dürfen.

Ich will sie alle zu mir ziehen

Nach Johannes sagte Jesus Christus zu seinen Jüngern: „Und ich, wenn ich erhöht werde von der Erde, so will ich sie alle zu mir ziehen.“[151] Mit diesen Worten beschreibt Jesus Christus, was nach seinem Tod und seiner Auferstehung (= Erhöhung) geschehen wird, dass er uns zu sich ziehen wird. Es sind also nur wenige Worte, die sehr prägnant die Entwicklung beschreiben, die möglich wird, wenn sich der

Christus in den nächsten 3.000 Jahren zunächst aus der ätherischen Welt und dann in den darauffolgenden 3.000 Jahren aus der astralen Welt an uns wendet. Er wird uns zu sich ziehen, und es wird uns erlaubt sein, zu ihm und zu diesem höheren Bewusstsein aufzusteigen. Deshalb werden uns in künftigen Zeiten alle möglichen Geheimnisse, die mit dieser Entwicklung zusammenhängen, zugänglich werden.

In 6.000 Jahren (wenn die ersten beiden Phasen von zweimal 3.000 Jahren vorüber sind) wird eine neue, eine dritte Phase von 3.000 Jahren anbrechen. Zu Beginn dieser Phase wird sich der Christus aus der Astralwelt in das Devachan oder die geistige Lichtwelt zurückziehen. Von dort aus wird er den Menschen als das „Welten-Ich" erscheinen. Ein rätselhafter, zugleich jedoch bedeutsamer Begriff, der in Zukunft weiter enthüllt und erläutert werden wird. Auf jeden Fall macht dieser Begriff deutlich, dass unser höheres Ich mit dem Wesen Christi, dem Welten-Ich, verbunden ist.

Mit dem Aufstieg Christi in die astrale Welt in 3.000 Jahren und seinem Aufstieg in das Devachan in 6.000 Jahren sind zwei weitere Opfer verbunden, so, wie der Christus bei seinem Abstieg in die ätherische Welt ein Opfer bringen musste. Bei jedem Aufstieg ist ein Opfer nötig, damit sich die Menschen zunächst mit dem astralen Christus und dann mit dem Christus als dem Welten-Ich verbinden können. Was diese Opfer beinhalten, ist uns jedoch noch verborgen. Bei diesen Opfern handelt es sich um das sechste und siebte Opfer Christi auf Erden.

Eine zunehmende Trennung

In den nächsten 9.000 Jahren wird sich eine zunehmende Trennung zwischen Menschen vollziehen, die nur dem Materialismus anhängen und vom Geist nichts wissen wollen, und solchen, die sich mit dem

Christus und damit mit der geistigen Welt verbinden. Der Beginn dieser Trennung zeigt sich bereits heute, Viele Menschen treffen bereits in diesem Leben – bewusst oder unbewusst – eine erste Wahl in Bezug auf den Weg, den sie in künftigen Leben beschreiten wollen: Den einer rein materialistischen Denkweise, die die Welt der Materie als die einzig reale Welt ansieht, oder den des Aufstiegs in die Welt des Geistes.

Das Grundmuster von Jupiter, Venus und Vulkan

Diese kommenden großen Perioden von dreimal 3.000 Jahren sind auch in anderer Hinsicht wichtig. Sie bilden die Grundlage für die drei zukünftigen Inkarnationen von Mutter Erde: Jupiter, Venus und Vulkan. Inzwischen ist eine äußerst wichtige Phase der menschlichen Entwicklung angebrochen – eine Phase, die uns bewusste Entscheidungen abverlangt. Jetzt, in dieser Zeit und in diesem Leben, legen wir das Fundament für Jupiters Grundmuster. Während unserer irdischen Leben in den nächsten 3.000 Jahren bestimmen wir durch unser Tun und Lassen sowie unser Denken das Grundmuster der zukünftigen Venus. Während der darauffolgenden 3.000 Jahre schaffen wir dann das Grundmuster von Vulkan. Alles, was wir in diesem Leben sagen, entscheiden, tun oder denken, hat direkte Auswirkungen darauf, auf welche Art und Weise Jupiter geboren werden wird. Das ist wahrlich keine geringe Verantwortung!

Mit Blick auf diese kommenden Entwicklungen wird also deutlich, wie wahr die Worte Rudolf Steiners sind, wenn er das Mysterium von Golgatha als den „Wendepunkt der Zeiten“ bezeichnet!

Oh du, mein Christus, nach dir sehnt sich mein Herz

Oh du, mein Christus – dass ich ein Gewissen habe,
dafür danke ich dir.
Dass eine neue Zukunft möglich ist, dafür danken wir dir.
Dass ein Mantel der Liebe mich umhüllt, dafür danke ich dir.

Wo Menschen von mir gehen, da bleibst du bei mir.
Wo eine Tür zufällt, öffnest du eine neue Tür.
Du bist das Licht, das in meiner Finsternis geboren wird.

Du bist die stille Stimme in meiner Einsamkeit.
Du bist der Frieden, den ich trotz allem erfahren darf.
Du bist gegenwärtig in der Liebe, die mir entgegengebracht wird.

Dir will ich dienen.
Dir vertraue ich.
Dein Geist lebt in mir.

Oh, du mein Christus, nach dir sehnt sich mein Herz.

Anmerkungen

1 Hans Stolp, „Die ersten drei Tage im Jenseits – Was die Seele unmittelbar nach dem Ablegen des Körpers durchlebt" *(„Wat gebeurt er als je doodgaat?"),* Verlag AnkhHermes, 10. Auflage 2021. Siehe auch Hans Stolp: „Der Weg ins Jenseits – Ein Trostbuch, wenn ein geliebter Mensch in eine lichtere Welt weitergegangen ist" (*„Als een geliefde sterft, Over afscheid nemen en verder gaan")* Verlag Ankh-Hermes 2003. Sowie: Hans Stolp: „Die Sterbestunde – Bewusstes Abschiednehmen" *(„Woorden van afscheid bij het sterven en de dood"),* Verlag AnkhHermes, 2. Auflage 2016

2 Siehe beispielsweise Hans Stolp, „Esoterisches Bibellesen, Teil I, Jesus von Nazareth" (*„Esoterisch Bijbellezen" deel I: „Jezus van Nazareth",* Verlag De Heraut, 6. Auflage 2015

3 Über diesen Traum habe ich bereits in einem Buch berichtet: „Die Christus-Erscheinungen in unserer heutigen Zeit" (*„De verschijningen van Christus in onze tijd"),* Verlag Ten Have 2002, S. 7f

4 *Meister Eckhart,* „Einführung und Blütenlese von Jacques Benoit" *(„Inleiding en bloemlezing door Jacques Benoit"),* Verlag AnkhHermes 1975, S. 55

5 J.Slavenburg, „Thomas und sein Evangelium" (*„Thomas en zijn Evangelie"),* Verlag Ankh-Hermes 1996, S. 88, Logion 67. Siehe auch Ton Westenbroek, „Mein Thomasevangelium" (*„Mijn Thomas-Evangelie,"),* Verlag Adventum 2019

6 Die Nag-Hammadi-Schriften, „Eine vollständige Übersetzung aller Texte aus den Nag Hammadi Kodices sowie aus dem Berliner Kodex", (*„Een integrale vertaling van alle teksten uit de Nag Hammadi Codices en de Berlijnse Codex"),* von Jacob Slavenburg und Willem Glaudemans,Verlag AnkhHermes 2004

7 Hans Stolp, „Rudolf Steiner - Die Geheimnisse der christlichen Esoterik" (*„Rudolf Steiner, Stichter van een nieuwe cultuur"),* Verlag AnkhHermes 2020, S. 11

8 Rudolf Steiner, „Das Fünfte Evangelium" (*„Het Vijfde Evangelie"),* Pentagon Verlag 2012

9 A.a.O., S. 10

10 A.a.O., S. 35

11 Andrej Belyj, „Meine Jahre mit Rudolf Steiner" (*„Mijn jaren met Rudolf Steiner"),* Verlag Freies Geistesleben 1989, S. 333

12 Hans Stolp, „Das Geheimnis der beiden Jesuskinder" (*„Het geheim van de twee Jezuskinderen"),* Verlag Adventum 2019, S. 128ff

13 Rudolf Steiner nennt diese Wesensteile „Geistselbst", „Lebensgeist" und „Geistesmensch".
14 Auf dem Konzil von Chalcedon wurde im Jahr 451 festgelegt, dass Jesus Christus ein Wesen ist, das zwei Naturen besitzt: eine göttliche und eine menschliche Natur.
15 Siehe Hans Stolp, „Der kosmische Lebensplan – Der Führung der Seele vertrauen" (*„Onze persoonlijke levensopdracht in deze tijd"),* Verlag AnkhHermes 2016
16 Siehe Hans Stolp, „Die ersten drei Tage im Jenseits – Was die Seele unmittelbar nach dem Ablegen des Körpers durchlebt" *(„Wat gebeurt er als je doodgaat?"),* Verlag AnkhHermes, 9. Auflage 2020
17 Der ätherische Christus ist die Bezeichnung für den Christus, der sich aus der ätherischen Welt heraus an uns wendet. Die ätherische Welt ist die niederste geistige Welt, die die Erde wie eine Hülle umgibt.
18 Hans Stolp, „Rudolf Steiner - Die Geheimnisse der christlichen Esoterik", Verlag AnkhHermes 2020, S. 171ff
19 Siehe Hans Stolp, „Der kosmische Lebensplan – Der Führung der Seele vertrauen" (*„Onze persoonlijke levensopdracht in deze tijd"),* Verlag AnkhHermes 2016, S. 21f
20 Ita Wegman, „Alte und neue Mysterien" (*„Oude en nieuwe mysteriën"),* Verlag Pentagon 1994, S. 10
21 1. Mose 14, 18-20
22 Henk van Oort, „Anthroposophie – eine Aufklärungsschrift" (*„Antroposofie, een kennismaking"),* Verlag Freies Geistesleben 2006, S. 77
23 Matthäus 2, 13-18
24 Markus 6, 34
25 Rudolf Steiner, „Das fünfte Evangelium" (*„Het Vijfde Evangelie"),* Pentagon Verlag 2012, S. 82 (Es geht hier um den Vortrag vom 5. Oktober 1913 in Oslo.)
26 Zu jenem Zeitpunkt hieß er noch Lazarus. Erst nach seiner Initiation erhielt er den Namen Johannes.
27 Siehe Johannes-Evangelium, Kapitel 11: „Die Auferweckung des Lazarus". Dort wird die Initiation des Johannes in verschleierter Form beschrieben. Johannes hieß bis zu jenem Ereignis Lazarus. Erst nach seiner Initiation erhielt er von Jesus Christus seinen neuen Namen Johannes.
28 Johannes 1, 1 in der Übersetzung der niederländischen Bibelgenossenschaft (4. Auflage 1979)
29 Johannes 1, 14
30 Galater 2, 20
31 Eine Beschreibung dieser neun Engelreiche findet sich in meinem Buch „Mit Engeln leben" *(„Leven met Engelen"),* Verlag Adventum 2018, S. 51
32 Hans-Werner Schroeder, „Der kosmische Christus: Zur Christuserkenntnis und Christuserfahrung" (*„De kosmische Christus, Hoe kan Christus ervaren en begrepen worden?"),* Kamerling Verlag 2007, S. 13

33 Philipper 2, 7
34 Hans-Werner Schroeder, „Der kosmische Christus: Zur Christuserkenntnis und Christuserfahrung" (*„De kosmische Christus, Hoe kan Christus ervaren en begrepen worden?")*, Kamerling Verlag 2007, S. 49
35 Matthäus 4, 1-11
36 Kolosser 1, 16 f
37 Die Ansicht, dass Gott, der Vater, der Schöpfer des Himmels und der Erde ist, ist schon seit vielen Jahrhunderten verbreitet und wird auch im Glaubensbekenntnis zum Ausdruck gebracht: „Ich glaube an Gott, den Vater, den Allmächtigen, den Schöpfer des Himmel und der Erde."
38 Hans-Werner Schroeder, „Der kosmische Christus: Zur Christuserkenntnis und Christuserfahrung" (*„De kosmische Christus, Hoe kan Christus ervaren en begrepen worden?")*, Kamerling Verlag 2007, S. 42
39 Eine Beschreibung dieser Inkarnationen der Erde findet sich bei Rudolf Steiner, „Die Wissenschaft von den Geheimnnissen der Seele" (*„De wetenschap van de geheimen van de ziel")*, Verlag Freies Geistesleben, 3. Auflage 2011, S. 91ff
40 Matthäus 26, 40
41 Hans Stolp, „Rudolf Steiner – Die Geheimnisse der christlichen Esoterik" *(„Rudolf Steiner, Stichter van een nieuwe cultuur")*, Verlag AnkhHermes 2020, S. 74
42 Zu den sieben Zeitaltern auf Erden siehe: Mario Schoenmaker, „Enzyklopädie der okkulten Weltgeschichte" (*„Occulte wereldgeschiedenis in een notedop,")*, Verlag AnkhHermes 1991, S. 30ff
43 Mario Schoenmaker, „Enzyklopädie der okkulten Weltgeschichte" (*„Occulte wereldgeschiedenis in een notedop,")*, Verlag AnkhHermes 1991, S. 68f
44 Wikipedia schreibt über die Sintflut: „Die Sintflut wird in den mythologischen Erzählungen verschiedener antiker Kulturen als eine gottgesandte Flutkatastrophe beschrieben, die die Vernichtung der gesamten Menschheit und der Landtiere zum Ziel hatte. Einzig wenige besonders gottesfürchtige Personen entkamen der Katastrophe. Als Gründe nennen die Sintflut-Erzählungen meist den Zorn Gottes oder der Götter über die Verfehlungen der Menschheit."
45 Über Atlantis und Lemurien kann man viel mehr lesen bei: Rudolf Steiner, „Die Akasha-Chronik – Schilderungen vergangener Entwicklungsstufen des Menschen und der Erde aus übersinnlicher Anschauung" (*„De Akashakroniek, De ontwikkeling van mens en aarde")*, Pentagon Verlag 2004
46 Rudolf Steiner, „Christus und die geistige Welt" (*„Christus en de spirituele wereld*"), Pentagon Verlag 2006, S. 64
47 Dieser Jesus war die Schwesterseele von Adam, die bei der Schöpfung in der geistigen Welt zurückgeblieben war. Siehe hierzu mein Buch: „Das Geheimnis der beiden Jesuskinder" (*„Het geheim van de twee Jezuskinderen")*, Verlag Nearchus 2019

48 Rudolf Steiner, „Vorstufen zum Mysterium von Golgatha" *(„Wat aan het Mysterie van Golgotha voorafging"),* Verlag Zevenster 1993, S. 99; Vortrag vom 7. März 1914

49 Rudolf Steiner, „Christus und die geistige Welt" („*Christus en de spirituele wereld*"), Pentagon Verlag 2006, S. 65

50 1. Samuel 17

51 1. Mose 6, 4

52 „Das erste Henochbuch" ist Teil der alt-israelitischen Literatur und wird als solches zu den Pseudepigraphen gezählt. Dieses Buch ist auch unter dem Titel „Äthiopisches Henochbuch" bekannt. Der Text ist im Internet zu finden. Die Anmerkungen zu den Riesen stehen in Kapitel 7.

53 Siehe hierzu: Valentin Tomberg, „Die vier Opfer Christi und seine Wiederkehr in der ätherischen Welt" („*De vier offers van Christus en zijn wederkomst in de etherische wereld"),* Verlag Nearchus 2015, S. 41ff

54 Rudolf Steiner, *Geisteswissenschaftliche Menschenkunde,* GA 107, Rudolf Steiner Verlag 2011, 6. Auflage, S. 284

55 Siehe hierzu beispielsweise: Valentin Tomberg, „Die vier Opfer Christi und seine Wiederkehr in der ätherischen Welt" („*De vier offers van Christus en zijn wederkomst in de etherische wereld"),* Verlag Nearchus 2015, S. 45

56 Eine ausführliche Beschreibung dieses Prozesses findet sich hier: Hans Stolp, „Die ersten drei Tage im Jenseits – Was die Seele unmittelbar nach dem Ablegen des Körpers durchlebt" *(„Wat gebeurt er als je doodgaat?"),* Verlag AnkhHermes 2021

57 Zu den vier Opfern Christi siehe: Rudolf Steiner, „Esoterische Betrachtungen: Die vier Christus-Opfer" („*De vier Christus-offers"),* Pentagon Verlag 2010. Siehe auch: Rudolf Steiner, „Vorstufen zum Mysterium von Golgatha", Rudolf Steiner Verlag, 1990

58 Emil Bock, „Zwischen Bethlehem und dem Jordan. Die unbekannten Jahre des Jesus von Nazareth" („*Tussen Bethlehem en de Jordaan, De onbekende jaren van Jezus van Nazareth"),* Verlag Christofoor 1984. Und: Emil Bock, „Vom Jordan bis Golgatha. Die drei Jahre Christi" („*Van de Jordaan tot Golgotha, De drie jaren van Christus"),* Verlag Christofoor 1991

59 Matthäus-Evangelium 2, 1-12

60 Matthäus-Evangelium 2, 13-18

61 Hans Stolp, „Das Geheimnis der beiden Jesuskinder" („*Het geheim van de twee Jezuskinderen"),* Verlag Adventum 2019, S. 38

62 Rudolf Steiner, „Vorstufen zum Mysterium von Golgatha" *(„Wat aan het Mysterie van Golgotha voorafging"),* Verlag Zevenster 1993, S. 99; und zwar aus dem Vortrag vom 7. März 1914 in Pforzheim

63 Lukas-Evangelium 2, 40-52

64 Rudolf Steiner, „Das fünfte Evangelium. Das Leben des Jesus von Nazareth" *(„Het vijfde Evangelie, Het leven van Jezus van Nazareth"),* Pentagon Verlag 2012, S. 76

65 Lukas-Evangelium 2, 51
66 Rudolf Steiner, „Das fünfte Evangelium. Das Leben des Jesus von Nazareth" *(„Het vijfde Evangelie, Het leven van Jezus van Nazareth"),* Pentagon Verlag 2012, S..80
67 Rudolf Steiner, „Das fünfte Evangelium. Das Leben des Jesus von Nazareth" *(„Het vijfde Evangelie, Het leven van Jezus van Nazareth"),* Pentagon Verlag 2012, S. 82
68 Markus-Evangelium 6, 34
69 Siehe Wim Schuwirth in: Rudolf Steiner, „Besonderheiten über das Leben Jesu, aus dem „Fünften Evangelium" *(„Bijzonderheden over het leven van Jezus, Uit het 'vijfde evangelie'"),* Verlag Freies Geistesleben 1998, S. 120, Fußnote 64
70 Matthäus-Evangelium 6, 9-13
71 Rudolf Steiner, „Das fünfte Evangelium. Das Leben des Jesus von Nazareth" *(„Het vijfde Evangelie, Het leven van Jezus van Nazareth"),* Pentagon Verlag 2012, S. 88
72 Rudolf Steiner, „Das fünfte Evangelium. Das Leben des Jesus von Nazareth" *(„Het vijfde Evangelie, Het leven van Jezus van Nazareth"),* Pentagon Verlag 2012, S. 91
73 Markus-Evangelium 1, 6
74 Eine ausführlichere Betrachtung finden Sie bei: Hans Stolp, „Karma, Reinkarnation und christlicher Glaube" *(„Karma, reïncarnatie en christelijk geloof"),* Verlag Ten Have, 2. Auflage 2000, S. 40ff
75 Siehe Emil Bock, „Könige und Propheten" *(„Koningen en profeten"),* Verlag Christofoor 1995, S. 133ff
76 Matthäus-Evangelium 17, 10–13 und Matthäus-Evangelium 11, 13-15
77 Maria war eigentlich die zweite Mutter Jesu – sie war die Mutter des Matthäus-Kindes Jesus. Eine weitere Vertiefung hierzu findet sich in meinem Buch: „Das Geheimnis der beiden Jesuskinder" *(„Het geheim van de twee Jezuskinderen"),* Verlag Nearchus 2019, S. 159ff
78 Rudolf Steiner, „Das fünfte Evangelium. Das Leben des Jesus von Nazareth" *(„Het vijfde Evangelie, Het leven van Jezus van Nazareth"),* Pentagon Verlag 2012, S. 108
79 Nun, da Jesus die Weisheit Zarathustras völlig durchgründet hatte und sich dieser bewusst geworden war, war diese Weisheit gleichsam in sein eigenes Wesen übergegangen. Damit war die Aufgabe des Zarathustra-Ichs vollbracht, und es konnte in die geistige Welt aufsteigen.
80 Lukas 3, 23: Der genannte Text stand dort ursprünglich, wurde jedoch später durch folgenden Text ersetzt (der heute noch so dort steht): „Du bist mein lieber Sohn, an dem ich Wohlgefallen habe."
81 Siehe Wim Schuwirth, „Rudolf Steiner unter Neutestamentariern. Das fünfte Evangelium." *(„Rudolf Steiner onder nieuwtestamentici, Het vijfde evangelie"),* Verlag Nearchus 2020, S. 114

82 Wim Schuwirth, „Rudolf Steiner unter Neutestamentariern. Das fünfte Evangelium." („*Rudolf Steiner onder nieuwtestamentici, Het vijfde evangelie"),* Verlag Nearchus 2020, S. 115

83 Hans Stolp, „Das Geheimnis der beiden Jesuskinder" („*Het geheim van de twee Jezuskinderen"),* Verlag Nearchus, 2019

84 Wim Schuwirth, „Rudolf Steiner unter Neutestamentariern. Das fünfte Evangelium." („*Rudolf Steiner onder nieuwtestamentici, Het vijfde evangelie"),* Verlag Nearchus 2020, S. 118

85 Rudolf Steiner, „Das fünfte Evangelium. Das Leben des Jesus von Nazareth" *(„Het vijfde Evangelie, Het leven van Jezus van Nazareth"),* Pentagon Verlag 2012, S. 111

86 Matthäus-Evangelium 4, 1-11. Siehe außerdem auch das Lukas-Evangelium, Kapitel 4 sowie das Markus-Evangelium 1, 12f

87 Rudolf Steiner, „Das fünfte Evangelium. Das Leben des Jesus von Nazareth" *(„Het vijfde Evangelie, Het leven van Jezus van Nazareth"),* Pentagon Verlag 2012, S. 113

88 Im Matthäus-Evangelium und im Lukas-Evangelium werden diese Versuchungen in unterschiedlicher Reihenfolge beschrieben. Ich folge in diesem Buch der Reihenfolge und Auslegung von Rudolf Steiner, wie er diese in der Akasha-Chronik wahrgenommen hat.

89 Wim Schuwirth, „Rudolf Steiner unter Neutestamentariern. Das fünfte Evangelium." („*Rudolf Steiner onder nieuwtestamentici, Het vijfde evangelie"),* Verlag Nearchus 2020, S. 122

90 Johannes-Evangelium Kapitel 11

91 Weiterführende Erläuterungen finden sich bei: Hans Stolp, „Esoterisches Bibellesen, Teil II, Johannes der Eingeweihte" („*Esoterisch Bijbellezen, Deel II, Johannes de Ingewijde"),* 4. Auflage, Verlag De Heraut 2013

92 Johannes-Evangelium 11, **53 (!)**

93 Weiterführende Erläuterungen finden sich bei: Emil Bock, „Cäsaren und Apostel" („*Keizers en Apostelen*"), Verlag Christofoor, S. 52ff

94 Matthäus-Evangelium 5, 1-12

95 Weiterführende Erläuterungen finden sich bei Hans Stolp, „Karma, Reinkarnation und christlicher Glaube" („*Karma, reïncarnatie en christelijk geloof"),* Verlag Ten Have, 2. Auflage 2000

96 Die Offenbarung des Johannes 3, 21

97 Für weitere Erläuterungen zu diesem Kapitel verweise ich gerne auf das besondere Buch von Emil Bock, „Vom Jordan bis Golgatha. Die drei Jahre Christi" („*Van de Jordaan tot Golgotha, De drie jaren van Christus"),* Verlag Christofoor 1991, Kapitel 10, S. 264

98 Die Hügel Sion und Moria. Eine eindrucksvolle Beschreibung von Jerusalem und seiner Geschichte findet sich bei: Emil Bock, „Könige und Propheten" („*Koningen en profeten"),* Verlag Christofoor 1995, S. 54ff

99 Aus dem Alten Testament: 4. Mose 22-25
100 Matthäus-Evangelium 21, 9
101 Siehe 1. Mose 14, 18-20
102 Matthäus-Evangelium Kapitel 23
103 Lukas-Evangelium 21, 6
104 Heute liegt kein Lammbraten mehr auf dem Sederteller, sondern ein Stück Lammknochen. Oft wird auch ein Hähnchenknochen verwendet. Dieser Knochen erinnert an das Lamm, das in der Nacht des Auszugs aus Ägypten geschlachtet wurde.
105 Johannes-Evangelium Kapitel 17
106 Johannes-Evangelium, in der Übersetzung von H.A.P.J. Ogilvie, 17, 26
107 Das geschah bei der zehnten Plage, die Ägypten heimsuchte. Siehe 2. Mose 12, 29-31
108 Emil Bock, „Vom Jordan bis Golgatha. Die drei Jahre Christi" (*„Van de Jordaan tot Golgotha, De drie jaren van Christus")*, Verlag Christofoor 1991, S.292
109 Emil Bock, „Vom Jordan bis Golgatha. Die drei Jahre Christi" (*„Van de Jordaan tot Golgotha, De drie jaren van Christus")*, Verlag Christofoor 1991, S..292
110 Matthäus-Evangelium 26, 47
111 Johannes-Evangelium 19, 27
112 Matthäus-Evangelium 27, 46 und Markusevangelium 15, 34
113 Eine ausführlichere Beschreibung findet sich in: Hans Stolp, „Jesus, mein Bruder" („Jezus mijn broeder"), Verlag.AnkhHermes 2005, S. 127-129
114 Johannes-Evangelium 19, 30
115 Lukas-Evangelium 23, 46
116 Matthäus-Evangelium 27, 51
117 Zum Nikodemusevangelium siehe: Jacob Slavenburg (Hrsg.), „Das große Buch der Apokryphen, Geheime vorchristliche Texte" (*„Het Grote Boek der Apokriefen, Geheime vroegchristelijke teksten")*, Verlag AnkhHermes 2009, S. 129
118 Die biologisch-dynamische Landwirtschaft nutzt die Geisteskräfte Jesu Christi, die seit seinem Tod am Kreuz in der Erde lebendig sind. Dank dieser Geisteskräfte ist unser Brot auch wirklich zum Leib Christi geworden, wie er beim Letzten Abendmahl verkündete, als er das Brot segnete: „Nehmet und esset; das ist mein Leib."
119 Emil Bock, „Vom Jordan bis Golgatha. Die drei Jahre Christi" (*„Van de Jordaan tot Golgotha, De drie jaren van Christus")*, Verlag Christofoor 1991, S. 293
120 Emil Bock, „Vom Jordan bis Golgatha. Die drei Jahre Christi" (*„Van de Jordaan tot Golgotha, De drie jaren van Christus")*, Verlag Christofoor 1991, S. 297

121 1. Petrus 3, 19
122 Der Brief des Paulus an die Epheser 4, 8
123 Jacob Slavenburg (Hrsg.), „Das große Buch der Apokryphen, Geheime vorchristliche Texte" (*„Het Grote Boek der Apokriefen, Geheime vroegchristelijke teksten")*, Verlag AnkhHermes 2009, S. 153f
124 Emil Bock, „Vom Jordan bis Golgatha. Die drei Jahre Christi" (*„Van de Jordaan tot Golgotha, De drie jaren van Christus")*, Verlag Christofoor 1991, S. 297
125 Siehe Emil Bock, „Könige und Propheten" (*„Koningen en profeten")*, Verlag Christofoor 1995, S. 57ff; siehe auch: Emil Bock, „Vom Jordan bis Golgatha. Die drei Jahre Christi" (*„Van de Jordaan tot Golgotha, De drie jaren van Christus")*, Verlag Christofoor 1991, S. 297
126 Das Buch des Arztes Pim van Lommel über Nahtod-Erfahrungen (das weltweit auf großes Interesse gestoßen ist) ist ein beeindruckendes Beispiel für den Sprung hinauf in ein solches höheres spirituelles Denken. Siehe: Pim van Lommel, *„Unendliches Bewusstsein – Eine wissenschaftliche Betrachtung von Nahtod-Erfahrungen" („Eindeloos bewustzijn, een wetenschappelijke visie op de bijna-dood ervaring")*, Verlag Ten Have, 2007
127 Matthäus-Evangelium 28, 1-10
128 Markus-Evangelium 16, 1-8
129 Lukas-Evangelium 24, 1-12
130 Johannes-Evangelium 20, 1-18
131 Johannes-Evangelium 20, 17
132 1. Korinther 15, 45
133 Siehe: Rudolf Steiner, *Themen aus dem Gesamtwerk, Band 14, Christologie*, Ausgewählt und herausgegeben von Heten Wilkens, Verlag Freies Geistesleben 1986, S. 237
134 Siehe hierzu auch Emil Bock, „Die Kreis der Jahresfeste" (*„De jaarfeesten als kringloop door het jaar")*, Verlag Christofoor, 5. Auflage 2007, S. 72ff
135 Apostelgeschichte 1, 3 in der Übersetzung von Ogilvie, Verlag Christofoor, 5. Auflage, völlig neu überarbeitet von Elisabeth J.L. Lantsheer, 1992
136 Rudolf Steiner, *Vor dem Tore der Theosophie*, Rudolf Steiner Verlag, 4. Auflage 1990, S. 162
137 Johannes-Evangelium 21, 25
138 Apostelgeschichte 1, 9
139 Apostelgeschichte 1, 11
140 Matthäus-Evangelium 28, 20
141 Siehe hierzu beispielsweise W.F. Veltman, „Die spirituelle Wirklichkeit des Christentums" *(„De spirituele werkelijkheid van het christendom")*, Verlag Freies Geistesleben 1996, S. 148f
142 Emil Bock, „Cäsaren und Apostel" (*„Keizers en Apostelen"*), Verlag Christofoor 1997, S.202

143 Siehe Rudolf Steiner, „Das Ereignis der Christus-Erscheinung in der ätherischen Welt" *(„De Wederkomst van Christus in de Etherische Wereld"),* Verlag Zevenster 1983. Siehe auch: Hans Stolp, „Die Christus-Erscheinungen in unserer heutigen Zeit" *(„De verschijningen van Christus in onze tijd"),* Verlag Ten Have 2002
144 Johannes-Evangelium 14, 28
145 Apostelgeschichte 2, 1-4 in der Übersetzung von Ogilvie
146 Margarete van den Brink, „Die Dreieinigkeit und Karma" („*De Drie-eenheid en Karma,*")" Verlag Ten Have 2007, S. 100
147 1. Korinther 15, 8 in der Übersetzung von Ogilvie
148 Siehe mein Buch: „Die Christus-Erscheinungen in unserer heutigen Zeit" *(„De verschijningen van Christus in onze tijd"),* Verlag Ten Have 2002
149 Weitere Informationen über Michael finden sich in meinem Buch: „Michael – Der Erzengel des neuen Zeitalters") *(„De grote Aartsengel Michaël"),* Verlag AnkhHermes 2017
150 Ein besonderes Beispiel für diese Entwicklung ist der Hindu Sadhu Sundar Singh, dem der Christus vollkommen unerwartet erschien. Singh blieb Hindu, lebte seitdem jedoch als solcher mit Christus. Siehe: „Er sah den Himmel – Visionen von Sadhu Sundar Singh" *(„Hij zag de hemel, visioenen van Sadhoe Soendar Singh"),* überarbeitet von W.W. Verhoef, Hoenderloos Verlag 1975
151 Johannes-Evangelium 12, 32 in der Übersetzung von Ogilvie